STORY WRITING WINGS 01
Hachico

STORY WRITING WINGS 01
Hachico

© 2008 I am Books

지은이	한일
펴낸이	신성현, 오상욱
펴낸곳	도서출판 아이엠북스
	153-802 서울시 금천구 가산동 327-32 대륭테크노타운 12차 1116호
	Tel. (02)6343-0997~9 Fax. (02)6343-0995
출판등록	2006년 6월 7일 제 313-2006-000122호
ISBN	978-89-92334-59-4 (14740)

저자와의 협의에 따라 인지는 붙이지 않습니다.
이 책에 게재된 내용의 일부 또는 전체를 무단으로 복제 및 발췌하는 것을 금합니다.
잘못된 책은 구입하신 곳에서 교환해 드립니다.

www.iambooks.co.kr

STORY WRITING WINGS 01
Hachico
한일 지음

CONTENTS

What is the Story Writing?   6
Construction & Character   8

Unit 1   목적어와 보어   12
     Grammar
     Sentences with Grammar
     Story Writing-Paragraph 1
     Story Writing-Paragraph 2
     Story Writing-Paragraph 3
     Error Analysis

Unit 2   전치사구의 형용사적 용법   24
     Grammar
     Sentences with Grammar
     Story Writing-Paragraph 1
     Story Writing-Paragraph 2
     Story Writing-Paragraph 3
     Error Analysis

Unit 3   전치사구의 부사적 용법   36
     Grammar
     Sentences with Grammar
     Story Writing-Paragraph 1
     Story Writing-Paragraph 2
     Story Writing-Paragraph 3
     Error Analysis

Unit 4 접속사   48

    Grammar
    Sentences with Grammar
    Story Writing-Paragraph 1
    Story Writing-Paragraph 2
    Story Writing-Paragraph 3
    Error Analysis

Unit 5 부사절   60

    Grammar
    Sentences with Grammar
    Story Writing-Paragraph 1
    Story Writing-Paragraph 2
    Story Writing-Paragraph 3
    Error Analysis

Unit 6 부사구   74

    Grammar
    Sentences with Grammar
    Story Writing-Paragraph 1
    Story Writing-Paragraph 2
    Story Writing-Paragraph 3
    Error Analysis

Writing Guideline   89

What is the Story Writing?

하나의 문장이 만들어지기 위해서는 반드시 그 시작점이 있습니다. 영어도 마찬가지입니다. 영어는 두 개의 단어로 문장을 시작합니다.

I buy.
주어 동사

He comes.
주어 동사

They study.
주어 동사

We clean.
주어 동사

Story Writing은 문장이 만들어지는 가장 기본적인 시작점, 즉 두 개의 단어를 시작점으로 출발하여 한편의 Story를 만들어갑니다.

하나의 문장이 두 개의 단어로 출발하여 어떠한 문법적인 경로를 통해서 길어지는가, 또 각각의 문법들은 서로 어떠한 경로를 통해서 구조적으로 긴밀하게 연결되는가, 그렇게 상호 긴밀히 연결된 문법들이 글의 내용과 수준에 어떠한 영향을 미치는가에 대하여 한편의 Story를 완성시켜가며 살펴보게 됩니다.

처음에는 두 개의 단어로 구성된 20~30분 분량의 짧은 Story를 만나게 됩니다. 이후 짧은 Story가 길어지기 위해서 필요한 문법들을 만나고, Story의 구조도 더욱 정교해지며, 전달하고자 하는 내용도 자세해지는 과정을 겪게 됩니다.

이 책에서 Unit 1-Story는 Unit 2-Story를 쓸 수 있는 바탕을 마련해줍니다. 또한, Unit 1, 2의 Story는 Unit 3-Story를 쓸 수 있는 바탕을 마련해 줍니다.

각각의 Unit에서 Story가 더해갈수록 글의 길이는 길어지고, 요구되는 문법도 복잡해집니다. 단계별로 문법적 요소를 첨가해가면, 구조적으로 풍부한 한편의 Story를 완성하게 되고, 2시간 분량의 Story를 쓸 수 있는 능력을 키우도록 도와줍니다.

Story Writing에서 문법을 요구하는 이유는 Writing과 문법과의 긴밀한 연결 관계를 느끼게 하기 위해서입니다. Unit과 함께 길어지는 Story에 요구되는 문법을 차례대로 공부하다 보면 문법에도 어떠한 문법이 먼저이고, 어떠한 문법이 나중인지, 문법에도 순서가 있음을 느끼게 될 것입니다.

각 Unit의 Story를 쓰기 위해서 실생활에서 사용 비중이 높은 문법들이 소개되어 있습니다.

여러분은 Story Writing에서 단지 Writing에만 집중할 것이 아니라, 각각의 Unit마다 제시된 문법과도 친숙해 지기를 바랍니다.

Story Writing의 가장 큰 장점은 영어문장을 체계적으로 바라볼 수 있는 시야를 지닌다는 것입니다. 영어문장을 체계적으로 관리할 수 있는 능력은 바로 Writing과 Reading에 직접적인 영향을 끼칩니다.

Story Writing을 통해 여러분은 결국 2시간 이상의 Writing을 할 수 있는 능력을 가지게 될 것입니다. 또한 Story가 이떠한 문법적인 경로를 통해 길어졌는지를 알 수 있다면, 여러분은 틀림없이 어떠한 Writing이라도 할 수 있다는 자신감을 가지게 될 것입니다.

Composition & Character

Grammar

Story Writing에 필요한 **문법**을 소개합니다.

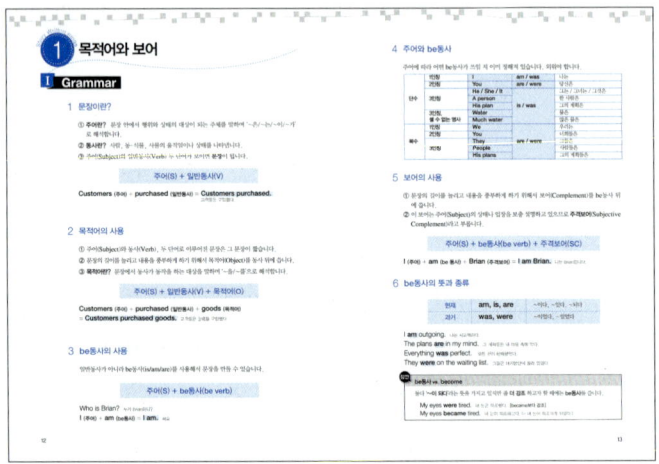

Sentences with Grammar

앞서 배운 핵심 문법을 이해하며 약 20개의 **문장쓰기 연습**을 해 봅니다. 이 문장들은 뒤이어 나올 Story Writing을 좀 더 자연스럽게 할 수 있도록 적절한 어휘 선택을 도와줍니다.

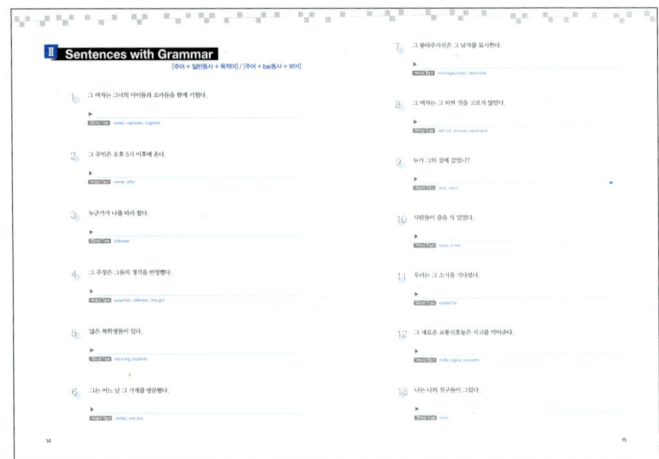

Story Writing

문장쓰기 → 문단쓰기 → **Story** 완성.

각 Unit은 3개의 문단(paragraph)으로 구성된 하나의 Story를 완성하기 위하여, 문단을 구성 할 문장들을 차근차근 만들어 보도록 합니다. 결국 3개의 문단이 만들어지고 한 개의 Story가 완성됩니다. 각 Unit이 끝날 때마다 하나의 Story가 완성되지만, Unit이 올라갈수록 다양한 문법을 익힘과 동시에 같은 Story이지만 내용이 더 풍부해지고 길어지게 됩니다.

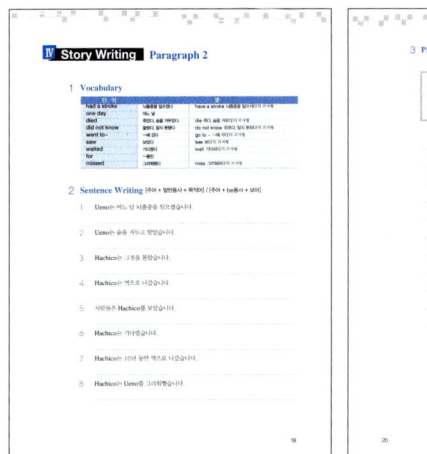

Error Analysis

각 Unit에서 익힌 문법, 표현과 Story의 내용을 상기하면서 Story안에 **틀린 부분을 찾아** 고칩니다.

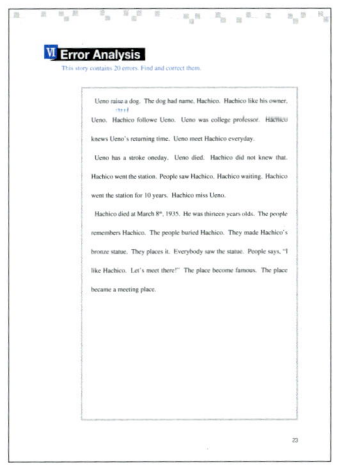

Rewriting

문법공부를 위해 만들어진 Story는 내용이 부자연스러워질 수 있습니다. 그러므로, 문법보다는 내용이 자연스러워 지도록 Rewriting한 Story를 이 부분에서 소개하고 있습니다.

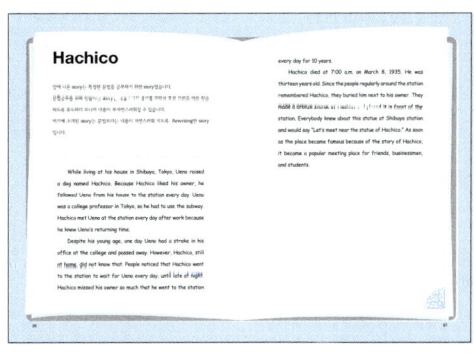

Story Writing Wings 01

Hachico

Contents
Unit 1 목적어와 보어
Unit 2 전치사구의 형용사적 용법
Unit 3 전치사구의 부사적 용법
Unit 4 접속사
Unit 5 부사절
Unit 6 부사구

1 목적어와 보어

I Grammar

1 문장이란?

① **주어란?** 문장 안에서 행위와 상태의 대상이 되는 주체를 말하며 '~은/~는/~이/~가'로 해석합니다.
② **동사란?** 사람, 동·식물, 사물의 움직임이나 상태를 나타냅니다.
③ 주어(Subject)와 일반동사(Verb) 두 단어가 모이면 **문장**이 됩니다.

> **주어(S) + 일반동사(V)**

Customers (주어) + **purchased** (일반동사) = **Customers purchased.**
고객들은 구입했다.

2 목적어의 사용

① 주어(Subject)와 동사(Verb), 두 단어로 이루어진 문장은 그 문장이 짧습니다.
② 문장의 길이를 늘리고 내용을 풍부하게 하기 위해서 목적어(Object)를 동사 뒤에 씁니다.
③ **목적어란?** 문장에서 동사가 동작을 하는 대상을 말하며 '~을/~를'으로 해석합니다.

> **주어(S) + 일반동사(V) + 목적어(O)**

Customers (주어) + **purchased** (일반동사) + **goods** (목적어)
= **Customers purchased goods.** 고객들은 상품을 구입했다.

3 be동사의 사용

일반동사가 아니라 be동사(is/am/are)를 사용해서 문장을 만들 수 있습니다.

> **주어(S) + be동사(be verb)**

Who is Brian? 누가 Brian이니?
I (주어) + **am** (be동사) = **I am.** 저요.

4 주어와 be동사

주어에 따라 어떤 be동사가 쓰일 지 이미 정해져 있습니다. 외워야 합니다.

단수	1인칭	I	am / was	나는
	2인칭	You	are / were	당신은
	3인칭	He / She / It	is / was	그는 / 그녀는 / 그것은
		A person		한 사람은
		His plan		그의 계획은
	3인칭, 셀 수 없는 명사	Water		물은
		Much water		많은 물은
복수	1인칭	We	are / were	우리는
	2인칭	You		너희들은
	3인칭	They		그들은
		People		사람들은
		His plans		그의 계획들은

5 보어의 사용

① 문장의 길이를 늘리고 내용을 풍부하게 하기 위해서 보어(Complement)를 be동사 뒤에 씁니다.
② 이 보어는 주어(Subject)의 상태나 입장을 보충 설명하고 있으므로 **주격보어**(Subjective Complement)라고 부릅니다.

> **주어(S) + be동사(be verb) + 주격보어(SC)**

I (주어) + am (be 동사) + Brian (주격보어) = **I am Brian.** 나는 Brian입니다.

6 be동사의 뜻과 종류

현재	am, is, are	~이다, ~있다, ~되다
과거	was, were	~이었다, ~있었다

I **am** outgoing. 나는 사교적이다.
The plans **are** in my mind. 그 계획들은 내 마음 속에 있다.
Everything **was** perfect. 모든 것이 완벽했었다.
They **were** on the waiting list. 그들은 대기명단에 올라 있었다.

---

 be동사 vs. become

둘다 '~이 되다'라는 뜻을 가지고 있지만 좀 더 강조 하고자 할 때에는 be동사를 씁니다.

My eyes **were** tired. 내 눈은 피로했다. [became보다 강조]
My eyes **became** tired. 내 눈이 피로해졌다. (= 내 눈이 피로하게 되었다.)

II Sentences with Grammar

[주어 + 일반동사 + 목적어] / [주어 + be동사 + 보어]

1. 그 여자는 그녀의 아이들과 조카들을 함께 키웠다.

   ▶ _____

   Word Tips raised, nephews, together

2. 그 주인은 오후 5시 이후에 온다.

   ▶ _____

   Word Tips owner, after

3. 누군가가 나를 따라 왔다.

   ▶ _____

   Word Tips followed

4. 그 주장은 그들의 생각을 반영했다.

   ▶ _____

   Word Tips assertion, reflected, thought

5. 많은 복학생들이 있다.

   ▶ _____

   Word Tips returning students

6. 그는 어느 날 그 가게를 방문했다.

   ▶ _____

   Word Tips visited, one day

7 그 몽타주사진은 그 남자를 묘사한다.

▶ _____

Word Tips montage photo, describes

8 그 여자는 그 비싼 것을 고르지 않았다.

▶ _____

Word Tips did not, choose, expensive

9 누가 그의 집에 갔었니?

▶ _____

Word Tips who, went

10 사람들이 줄을 서 있었다.

▶ _____

Word Tips were, in line

11 우리는 그 소식을 기다렸다.

▶ _____

Word Tips waited for

12 그 새로운 교통신호등은 사고를 막아준다.

▶ _____

Word Tips traffic signal, prevents

13 나는 나의 친구들이 그립다.

▶ _____

Word Tips miss

14 나는 5월 4일 생이다.
▶ _____
Word Tips was born, on

15 나의 옛날 친구가 그것을 기억하고 있었다.
▶ _____
Word Tips old, remembered

16 몇몇 회원들은 그들의 회원자격을 갱신했다.
▶ _____
Word Tips renewed, memberships

17 사람들은 쓰레기를 묻었다.
▶ _____
Word Tips buried, trash

18 나의 누나는 그 화분들을 놓아두었다.
▶ _____
Word Tips placed, flowerpots

19 우리의 상상이 현실이 되었다.
▶ _____
Word Tips imagination, reality

20 학부모회가 다음 모이는 날을 정했다.
▶ _____
Word Tips parents' association, decided, meeting

III Story Writing Paragraph 1

1 Vocabulary

단 어		뜻
raised	키웠다	'raise 키우다'의 과거형
had	가졌었다	'have 가지다'의 과거형
name, Hachico	Hachico라는 이름	
liked	좋아했다	'like 좋아하다'의 과거형
owner	주인	
followed	따라갔다, 따라다녔다	'follow 따라가다, 따라다니다'의 과거형
college professor	대학교수	
knew	알았다, 알고 있었다	'know 알다, 알고 있다'의 과거형
returning time	돌아오는 시간	
met	만났다	'meet 만나다'의 과거형
every day	매일	

2 Sentence Writing [주어 + 일반동사 + 목적어] / [주어 + be동사 + 보어]

1 Ueno(우에노)는 강아지 한 마리를 키웠습니다.

2 그 강아지는 Hachico(하치코)라는 이름을 가지고 있었습니다.

3 Hachico는 자기 주인, Ueno를 좋아했습니다.

4 Hachico는 Ueno를 따라다녔습니다.

5 Ueno는 대학교수였습니다.

6 Hachico는 Ueno의 귀가 시간을 알고 있었습니다.

7 Ueno는 Hachico를 매일 만났습니다.

3 Paragraph Writing

> Ueno는 강아지 한 마리를 키웠습니다. 그 강아지는 Hachico라는 이름을 가지고 있었습니다. Hachico는 자기 주인 Ueno를 좋아했습니다. Hachico는 Ueno를 따라다녔습니다. Ueno는 대학교수였습니다. Hachico는 Ueno의 귀가 시간을 알고 있었습니다. Ueno는 Hachico를 매일 만났습니다.

Ⅳ Story Writing Paragraph 2

1 Vocabulary

단 어		뜻
had a stroke	뇌졸중을 일으켰다	'have a stroke 뇌졸중을 일으키다'의 과거형
one day	어느 날	
died	죽었다, 숨을 거두었다	'die 죽다, 숨을 거두다'의 과거형
did not know	몰랐다, 알지 못했다	'do not know 모르다, 알지 못하다'의 과거형
went to~	~에 갔다	'go to ~ ~에 가다'의 과거형
saw	보았다	'see 보다'의 과거형
waited	기다렸다	'wait 기다리다'의 과거형
for	~동안	
missed	그리워했다	'miss 그리워하다'의 과거형

2 Sentence Writing [주어 + 일반동사 + 목적어] / [주어 + be동사 + 보어]

1 Ueno는 어느날 뇌졸중을 일으켰습니다.

2 Ueno는 숨을 거두고 말았습니다.

3 Hachico는 그것을 몰랐습니다.

4 Hachico는 역으로 나갔습니다.

5 사람들은 Hachico를 보았습니다.

6 Hachico는 기다렸습니다.

7 Hachico는 10년 동안 역으로 나갔습니다.

8 Hachico는 Ueno를 그리워했습니다.

3 Paragraph Writing

Ueno는 어느 날 뇌졸중을 일으켰습니다. Ueno는 숨을 거두고 말았습니다. Hachico는 그것을 몰랐습니다. Hachico는 역으로 나갔습니다. 사람들은 Hachico를 보았습니다. Hachico는 기다렸습니다. Hachico는 10년 동안 역으로 나갔습니다. Hachico는 Ueno를 그리워했습니다.

V Story Writing Paragraph 3

1 Vocabulary

단 어	뜻	
on March 8, 1935	1935년 3월 8일에	
years old	(나이) ~살	
remembered	기억했다	'remember 기억하다'의 과거형
buried	묻었다, 묻어 주었다	'bury 묻다'의 과거형
made	만들었다	'make 만들다'의 과거형
Hachico's	Hachico의	
bronze statue	동상	
placed	놓아두었다	'place 놓아두다'의 과거형
said	말했다	'say 말하다'의 과거형
Let's~ (= Let us~)	~하자 (제안)	
became	~이 되었다	'become ~이 되다'의 과거형
famous	유명한	
meeting place	만남의 장소, 만나는 장소	

2 Sentence Writing [주어 + 일반동사 + 목적어] / [주어 + be동사 + 보어]

1 Hachico는 1935년 3월 8일에 죽었습니다.

2 그는 13살이었습니다.

3 그 사람들은 Hachico를 기억했습니다.

4 그 사람들은 Hachico를 묻어 주었습니다.

5 그들은 Hachico의 동상을 만들었습니다.

6 그들은 그것을 놓아 두었습니다.

7 모두가 그 동상을 보았습니다.

8 사람들은 말했습니다, "나는 Hachico가 좋아. 거기에서 만나자!"

9 그 장소는 유명해졌습니다.

10 그 장소는 만남의 장소가 되었습니다.

3 Paragraph Writing

> Hachico는 1935년 3월 8일에 죽었습니다. 그는 13살이었습니다. 그 사람들은 Hachico를 기억했습니다. 그 사람들은 Hachico를 묻어 주었습니다. 그들은 Hachico의 동상을 만들었습니다. 그들은 그것을 놓아 두었습니다. 모두가 그 동상을 보았습니다. 사람들은 말했습니다, "나는 Hachico가 좋아. 거기에서 만나자!" 그 장소는 유명해졌습니다. 그 장소는 만남의 장소가 되었습니다.

VI. Error Analysis

This story contains 20 errors. Find and correct them.

Ueno ~~raise~~ *raised* a dog. The dog had name, Hachico. Hachico like his owner, Ueno. Hachico followe Ueno. Ueno was college professor. Hachico knews Ueno's returning time. Ueno meet Hachico every day.

Ueno has a stroke oneday. Ueno died. Hachico did not knew that. Hachico went the station. People saw Hachico. Hachico waiting. Hachico went the station for 10 years. Hachico miss Ueno.

Hachico died at March 8, 1935. He was thirteen years olds. The people remembers Hachico. The people buried Hachico. They made Hachico's bronze statue. They places it. Everybody saw the statue. People says, "I like Hachico. Let's meet there!" The place become famous. The place became a meeting place.

2 전치사구의 형용사적 용법

I Grammar

1 전치사구란?

① 전치사 뒤에 명사를 쓴 것을 **전치사구**라고 합니다.
② 전치사 뒤에 사용된 명사를 다른 말로 **전치사의 목적어**라고 하기도 합니다.

전치사구	=	전치사	+	명사
(Prepositional Phrase)		(Preposition)		(Noun)

전치사	+	명사	= 전치사구	
about	+	you and me	= **about you and me**	너와 나에 대해서
with	+	money	= **with money**	돈으로/돈을 가지고
on	+	the top	= **on the top**	꼭대기 위에
till	+	3 o'clock	= **till 3 o'clock**	3시 정각까지

2 전치사구의 형용사적 용법

전치사구가 **명사 뒤**에 쓰여서 그 명사에 대한 더 많은 정보를 줄 때가 있습니다. 형용사처럼 명사를 내용상 꾸며주고 수식한다고 해서 전치사구의 **형용사적 용법**이라고 합니다.

전치사구의 형용사적 용법	명사(N) + 전치사구(Prep. Phrase)

The weather is humid. 날씨가 습하다.

The weather **during the rainy season** is humid. 장마철 동안에는 날씨가 습하다.
　명사　　　전치사구(during + the rainy season)

3 전치사구의 역할

전치사구는 명사를 수식한다는 문법적인 역할 말고도 다음의 세가지 혜택을 우리에게 줍니다.

　① 글의 길이를 길게 합니다.
　② 글의 내용을 풍부하게 합니다.
　③ 글의 길이가 길어지고 내용이 풍부해지므로 전체적인 글의 level이 올라갑니다.

[전치사구를 쓰기 전의 낮은 level]
My friend gave this. 나의 친구가 이것을 주었다.

[전치사구를 쓴 후의 높은 level]
My friend **at school** gave this **for my birthday present**.
학교에 있는 나의 친구가 생일 선물로 이것을 주었다.

4 전치사구를 만들기 위해서 알고 있어야 하는 전치사

다음은 영어 전반에 걸쳐서 많이 사용되는 전치사들이기 때문에 무조건 외우고 있어야 합니다. 전치사의 뜻을 적어 보면서 차근차근 외워 보도록 하세요.

across	_____	for	_____
before	_____	outside	_____
at	_____	between	_____
beyond	_____	within	_____
despite	_____	behind	_____
about	_____	off	_____
with	_____	among	_____
without	_____	along	_____
below	_____	under	_____
beside	_____	by	_____
through	_____	except	_____
from	_____	in	_____
into	_____	like	_____
against	_____	near	_____
on	_____	since	_____
till	_____	nearby	_____
to	_____	down	_____
toward	_____	inside	_____
around	_____	over	_____
until	_____	during	_____
of	_____	upon	_____
above	_____	beneath	_____
after	_____	via	_____
throughout	_____	next	_____
as	_____	worth	_____

II Sentences with Grammar

[전치사구의 형용사적 용법]

1. **나의 집 옆에 있는** 그 여자는 그녀의 아이들과 조카들을 함께 키웠다.

   ▶ _____

   Word Tips | next to

2. **그 가게의** 주인은 오후 5시 이후에 온다.

   ▶ _____

   Word Tips | of

3. **그들 가운데** 누군가가 나를 따라 왔다.

   ▶ _____

   Word Tips | among

4. 그 주장은 **최근의 일에 대한** 그들의 생각을 반영했다.

   ▶ _____

   Word Tips | about, recent event

5. **미국학교로부터** 온 많은 복학생들이 있다.

   ▶ _____

   Word Tips | from

6. 그는 어느 날 **모퉁이에 있는** 그 가게를 방문했다.

   ▶ _____

   Word Tips | on, corner

7 **벽에 있는** 그 몽타주사진은 그 남자를 묘사한다.

▶ _____

Word Tips on

8 **가게에 있는** 그 여자는 그 비싼 것을 고르지 않았다.

▶ _____

Word Tips at, shop

9 누가 **길 아래에 있는** 그 집에 갔었니?

▶ _____

Word Tips down, street

10 **거리에 있는** 사람들이 줄을 서 있었다.

▶ _____

Word Tips on

11 우리는 **특별 보너스에 관한** 그 소식을 기다렸다.

▶ _____

Word Tips about, special bonus

12 **건물 앞에 있는** 그 새로운 교통신호등은 사고를 막아준다.

▶ _____

Word Tips in front of

13 나는 **시골에 있는** 나의 친구들이 그립다.

▶ _____

Word Tips in, rural area

27

14 **사무실에 있는** Ted는 5월 4일 생이다.

▶ _____
Word Tips in, office

15 **고등학교 때 부터의** 나의 옛날 친구가 그것을 기억하고 있었다.

▶ _____
Word Tips from

16 **그 클럽의** 몇몇 회원들은 회원자격을 갱신했다.

▶ _____
Word Tips of, club

17 **뒷마당에 있는** 그 사람들은 쓰레기를 묻었다.

▶ _____
Word Tips in, backyard

18 **집에 있는** 나의 누나는 그 화분들을 놓아두었다.

▶ _____
Word Tips in

19 **미래를 향한** 우리의 상상이 현실이 되었다.

▶ _____
Word Tips toward

20 학부모회는 **바자회를 위해서** 다음 모이는 날을 정했다.

▶ _____
Word Tips for, bazaar

Ⅲ Story Writing   Paragraph 1

1 Vocabulary

단 어		뜻
in~	~안에 사는	
raised	키웠다	'raise 키우다'의 과거형
at~	~(장소)에	
Ueno's house	Ueno의 집	
followed	따라갔다, 따라다녔다	'follow 따라가다, 따라다니다'의 과거형

2 Sentence Writing [전치사구의 형용사적 용법]

1 **Tokyo Shibuya에 사는** Ueno(우에노)는 강아지 한 마리를 키웠습니다.

2 그의 집에 있는 그 강아지는 Hachico(하치코)였습니다.

3 **Ueno의 집에 있는** Hachico는 자기 주인을 좋아했습니다.

4 Hachico는 Ueno를 따라다녔습니다.

5 Ueno는 **Tokyo에 있는** 대학교수였습니다.

6 **Ueno의 집에 있는** Hachico는 **Shibuya 역에** 도착하는 Ueno의 귀가 시간을 알고 있었습니다.

7 Ueno는 Hachico를 매일 만났습니다.

29

3 Paragraph Writing

> **Tokyo Shibuya에 사는** Ueno는 강아지 한 마리를 키웠습니다. **그의 집에 있는** 그 강아지는 Hachico였습니다. **Ueno의 집에 있는** Hachico는 자기 주인을 좋아했습니다. Hachico는 Ueno를 따라다녔습니다. Ueno는 **Tokyo에 있는** 대학교수였습니다. **Ueno의 집에 있는** Hachico는 **Shibuya 역에** 도착하는 Ueno의 귀가 시간을 알고 있었습니다. Ueno는 Hachico를 매일 만났습니다.

IV Story Writing Paragraph 2

1 Vocabulary

단 어	뜻	
had a stroke	뇌졸중을 일으켰다	'have a stroke 뇌졸중을 일으키다'의 과거형
around~	~주변에	
missed	그리워했다	'miss 그리워하다'의 과거형

2 Sentence Writing [전치사구의 형용사적 용법]

1. **학교에 있던** Ueno는 어느날 뇌졸중을 일으켰습니다.

2. Ueno는 숨을 거두고 말았습니다.

3. **집에 있는** Hachico는 그것을 몰랐습니다.

4. Hachico는 역으로 나갔습니다.

5. **역 주변에 있는** 사람들은 Hachico를 보았습니다.

6. Hachico는 기다렸습니다.

7. Hachico는 **10년 동안** 역으로 나갔습니다.

8. Hachico는 Ueno를 그리워했습니다.

3 Paragraph Writing

학교에 있던 Ueno는 어느날 뇌졸중을 일으켰습니다. Ueno는 숨을 거두고 말았습니다. **집에 있는** Hachico는 그것을 몰랐습니다. Hachico는 역으로 나갔습니다. **역 주변에 있는** 사람들은 Hachico를 보았습니다. Hachico는 기다렸습니다. Hachico는 **10년 동안** 역으로 나갔습니다. Hachico는 Ueno를 그리워했습니다.

V Story Writing Paragraph 3

1 Vocabulary

단 어		뜻
died on~	~(날에) 죽었다	'die on~ ~(날에) 죽다'의 과거형
remembered	기억했다	'remember 기억하다'의 과거형
made	만들었다	'make 만들다'의 과거형
everybody	모두 다	
street	거리, 길	
statue at~	~에 있는 동상	
became	되었다	'become 되다'의 과거형
friends	친구들	
businessmen	직장인들	

2 Sentence Writing [전치사구의 형용사적 용법]

1 Hachico는 1935년 3월 8일에 죽었습니다.

2 그는 13살이었습니다.

3 **역 주변에 살던** 그 사람들은 Hachico를 기억했습니다.

4 그 사람들은 Hachico를 묻어 주었습니다.

5 그들은 Hachico의 동상을 만들었습니다.

6 그들은 그것을 놓아 두었습니다.

7 **거리에 있는** 모두가 **Shibuya 역에 있는** 그 동상을 보았습니다.

8 사람들은 말했습니다, "나는 Hachico가 좋아. 거기에서 만나자!"

9 그 장소는 유명해졌습니다.

10 그 장소는 **친구들, 직장인들, 그리고 학생들을 위한** 만남의 장소가 되었습니다.

3 Paragraph Writing

Hachico는 1935년 3월 8일에 죽었습니다. 그는 13살이었습니다. **역 주변에 살던** 그 사람들은 Hachico를 기억했습니다. 사람들은 Hachico를 묻어 주었습니다. 그들은 Hachico의 동상을 만들었습니다. 그들은 그것을 놓아 두었습니다. **거리에 있는** 모두가 **Shibuya 역에 있는** 그 동상을 보았습니다. 사람들은 말했습니다, "나는 Hachico가 좋아. 거기에서 만나자!" 그 장소는 유명해졌습니다. 그 장소는 **친구들, 직장인들, 그리고 학생들을 위한** 만남의 장소가 되었습니다.

VI Error Analysis

This story contains 25 errors. Find and correct them.

Ueno in Shibuya, Tokyo raised ~~dog~~. The dog at his house were Hachico.
                                a dog

Hachico, at Uenos house, like his owner. Hachico followes Ueno. Ueno is a college professor in Tokyo. Hachico, at Ueno's house, know Ueno's returned time at Shibuya station. Ueno met Hachico every day.

Ueno, in the college, have a stroke one day. Ueno died. Hachico, at the house, did not know that. Hachico go to Station. People around the station sees Hachico. Hachico weighted. Hachico went to the station for 10 year. Hachico missed Ueno.

Hachico died in March 8, 1935. He was thirteens years old. A people around the station remembered Hachico. The people buried Hachico. They made Hachicos bronze statue. They placed them. An everybody on the street see the statue at Shibuya station. People said, "I like Hachico. Let's meat there!" The place becomes famous. The place became a meeting palace for friends, businessmen, and student.

3 전치사구의 부사적 용법

I Grammar

1 전치사구란?

① 전치사 뒤에 명사를 쓴 것을 **전치사구**라고 합니다.
② 전치사 뒤에 사용된 명사를 다른 말로 **전치사의 목적어**라고 하기도 합니다.

전치사구	=	전치사	+	명사
(Prepositional Phrase)		(Preposition)		(Noun)

전치사	+	명사	= 전치사구	
over	+	the bridge	= **over the bridge**	다리 넘어서
after	+	lunch	= **after lunch**	점심식사 후에
to	+	his apartment	= **to his apartment**	그의 아파트로
through	+	the story	= **through the story**	그 얘기를 통해서

2 전치사구의 부사적 용법

전치사구가 **문장 뒤**에 쓰여서 그 문장에 있는 동사에 대한 더 많은 정보를 줄 때가 있습니다. 부사처럼 동사를 내용상 꾸며주고 수식한다고 해서 전치사구의 **부사적 용법**이라고 합니다

전치사구의 부사적 용법	문장(Sentence) + 전치사구(Prep. Phrase)

① **The students study.** 그 학생들은 공부한다.
　⋯▶ 동사 study를 내용상 도와주는 부사가 없는 상태입니다.

② **Where?** 어디서?
　The students study **in the library**. 그 학생들은 도서실에서 공부한다.
　⋯▶ 동사 study가 이루어지는 장소에 대한 정보를 줍니다.

③ **When?** 언제?
　The students study **after class**. 그 학생들은 방과후에 공부한다.
　⋯▶ 동사 study가 이루어지는 시간에 대한 정보를 줍니다.

④ **Why?** 왜?
　　The students study **for the final examination**.　그 학생들은 기말고사를 위해서 공부한다.
　　⋯▶ 동사 study가 이루어지는 이유에 대한 정보를 줍니다.

3 전치사구의 부사적 용법 강조

영어는 중요하고 강조하고 싶은 것일수록 문장의 앞부분에 놓이는데, 부사적인 용법으로 쓰인 전치사구 또한 문장 맨 앞으로 보내서 강조할 수 있습니다. 전치사구의 부사적용법이 문장 앞으로 가면 주로 콤마(comma)를 찍습니다.

| 전치사구의 부사적 용법 강조 | 전치사구, (Prep. Phrase) | + | 문장 (Sentence) |

① We had a test.　우리는 시험을 보았다.
　　⋯▶ 동사 had를 내용상 도와주는 부사가 없는 상태입니다.

② **Where?** 어디서?
　　In the library, we had a test.　우리는 도서실에서 시험을 보았다.
　　⋯▶ 동사 had가 이루어지는 장소에 대한 정보를 줍니다.

③ **When?** 언제?
　　After class, we had a test.　우리는 방과후에 시험을 보았다.
　　⋯▶ 동사 had가 이루어지는 시간에 대한 정보를 줍니다.

④ **Why?** 왜?
　　For the final examination, we had a quiz.　우리는 기말고사를 위해서 퀴즈를 보았다.
　　⋯▶ 동사 had가 이루어지는 이유에 대한 정보를 줍니다.

Ⅱ Sentences with Grammar

[전치사구의 부사적 용법]

1. 나의 집 옆에 있는 그 여자는 **오랫동안** 그녀의 아이들과 조카들을 함께 키웠다.

   ▶ _____

   Word Tips a long time

2. 그 가게의 주인은 **매니저와 함께** 오후 5시 이후에 온다.

   ▶ _____

   Word Tips with, manager

3. 그들 가운데 누군가가 **버스 정류장까지** 나를 따라 왔다.

   ▶ _____

   Word Tips to, bus station

4. 그 주장은 **끝에 가서는** 최근의 일에 대한 그들의 생각을 반영했다.

   ▶ _____

   Word Tips in, end

5. **이번 학기에는** 미국학교로부터 온 많은 복학생들이 있다.

   ▶ _____

   Word Tips in, semester

6. 그는 어느 날 **그의 딸과 함께** 모퉁이에 있는 그 가게를 방문했다.

   ▶ _____

   Word Tips along with, daughter

7 벽에 있는 그 몽타주사진은 그 남자를 **자세하게** 묘사한다.

▶ _____
Word Tips   in

8 가게에 있는 그 여자는 **쇼핑하는 동안에** 그 비싼 것을 고르지 않았다.

▶ _____
Word Tips   during

9 누가 **방과후에** 길 아래에 있는 그 집에 갔었니?

▶ _____
Word Tips   after

10 거리에 있는 사람들이 **아침부터** 줄을 서 있었다.

▶ _____
Word Tips   from

11 우리는 **일사분기에 대한** 특별 보너스에 관한 소식을 기다렸다.

▶ _____
Word Tips   for, first quarter

12 건물 앞에 있는 그 새로운 교통신호등은 **출퇴근 시 혼잡한 시간 동안** 사고를 막아준다.

▶ _____
Word Tips   during, rush hour

13 나는 **가끔** 시골에 있는 나의 친구들이 그립다.

▶ _____
Word Tips   from, time, to

14 사무실에 있는 Ted는 1990년 5월 4일 생이다.

▶ _____
Word Tips in

15 고등학교 때 부터의 나의 옛날 친구가 **정확한 날짜와 시간과 함께** 그것을 기억하고 있었다.

▶ _____
Word Tips with, correct

16 그 클럽의 몇몇 회원들은 **만기 전에** 회원자격을 갱신했다.

▶ _____
Word Tips before, expiration

17 뒷마당에 있는 그 사람들은 **땅 밑에** 쓰레기를 묻었다.

▶ _____
Word Tips under, ground

18 집에 있는 나의 누나는 **베란다에** 그 화분들을 놓아두었다.

▶ _____
Word Tips in, veranda

19 미래를 향한 우리의 상상이 **21세기에 들어와서** 현실이 되었다.

▶ _____
Word Tips in, century

20 학부모회가 바자회를 위해서 다음 모이는 날을 **투표로** 정했다.

▶ _____
Word Tips by

III Story Writing Paragraph 1

1 Vocabulary

단 어	뜻
a dog at	~에 있는 개
from A to B	A 에서부터 B 까지
in front of ~	~앞에
after ~	~후에
work	일, 직장

2 Sentence Writing [전치사구의 부사적 용법]

1. Tokyo Shibuya에 사는 Ueno는 **그의 집에서** 강아지 한 마리를 키웠습니다.

2. 그의 집에 있는 그 강아지는 Hachico였습니다.

3. Ueno의 집에 있는 Hachico는 자기 주인을 좋아했습니다.

4. Hachico는 **집에서부터 역까지** Ueno를 따라다녔습니다.

5. Ueno는 Tokyo에 있는 대학교수였습니다.

6. Ueno의 집에 있는 Hachico는 Shibuya 역에 도착하는 Ueno의 귀가 시간을 알고 있었습니다.

7. Ueno는 **퇴근 후** Hachico를 매일 **역 앞에서** 만났습니다.

3 Paragraph Writing

> Tokyo Shibuya에 사는 Ueno는 **집에서** 강아지 한 마리를 키웠습니다. 집에 있는 그 강아지는 Hachico였습니다. Ueno의 집에 있는 Hachico는 자기 주인을 좋아했습니다. Hachico는 **집에서부터 역까지** Ueno를 따라다녔습니다. Ueno는 Tokyo에 있는 대학교수였습니다. Ueno의 집에 있는 Hachico는 Shibuya 역에 도착하는 Ueno의 귀가 시간을 알고 있었습니다. Ueno는 **퇴근 후** Hachico를 매일 **역 앞에서** 만났습니다.

IV Story Writing Paragraph 2

1 Vocabulary

단 어	뜻
office	사무실
despite~	~에도 불구하고
young age	젊은 나이
in the evening	저녁에
people around~	~주변에 있는 사람들
wait for~	~을 기다리다
until~	~때까지
late	늦은, 늦게
without~	~없이
stop	멈춤, 그만둠

2 Sentence Writing [전치사구의 부사적 용법]

1 학교에 있던 Ueno는 어느날 **사무실에서** 뇌졸중을 일으켰습니다.

2 Ueno는 **젊은 나이에도 불구하고** 숨을 거두고 말았습니다.

3 집에 있는 Hachico는 그것을 몰랐습니다.

4 Hachico는 **저녁에** 역으로 나갔습니다.

5 역 주변에 있는 사람들은 Hachico를 보았습니다.

6 Hachico는 **늦게까지 역 앞에서 Ueno**를 기다렸습니다.

7 Hachico는 **10년 동안 멈추지 않고 역으로** 나갔습니다.

8 Hachico는 Ueno를 그리워했습니다.

3 Paragraph Writing

학교에 있던 Ueno는 어느날 **사무실에서** 뇌졸중을 일으켰습니다. Ueno는 **젊은 나이에도 불구하고** 숨을 거두고 말았습니다. 집에 있는 Hachico는 그것을 몰랐습니다. Hachico는 **저녁에** 역으로 나갔습니다. 역 주변에 있는 사람들은 Hachico를 보았습니다. Hachico는 **늦게까지 역 앞에서** Ueno를 기다렸습니다. Hachico는 **10년 동안 멈추지 않고 역으로** 나갔습니다. Hachico는 Ueno를 그리워했습니다.

V Story Writing   Paragraph 3

1 Vocabulary

단 어	뜻
next to~	~옆에
everybody on~	~에 있는 모두가
near~	~근처에
because of~	~때문에
at~	~(시간)에
a.m.	오전에

2 Sentence Writing [전치사구의 부사적 용법]

1. Hachico는 1935년 3월 8일 **아침 7시에** 죽었습니다.

2. 그는 13살이었습니다.

3. 역 주변에 살던 그 사람들은 Hachico를 기억했습니다.

4. 그 사람들은 Hachico를 **Ueno옆에** 묻어 주었습니다.

5. 그들은 Hachico의 동상을 만들었습니다.

6. 그들은 그것을 **역 앞에** 놓아 두었습니다.

7. 거리에 있는 모두가 Shibuya 역에 있는 그 동상을 보았습니다.

8. 사람들은 말했습니다, "나는 Hachico가 좋아. **Hachico 동상 근처에서** 만나자!"

9. 그 장소는 **Hachico 때문에** 유명해졌습니다.

10. 그 장소는 친구들, 직장인들, 그리고 학생들을 위한 만남의 장소가 되었습니다.

3 **Paragraph Writing**

> Hachico는 1935년 3월 8일 **아침 7시**에 죽었습니다. 그는 13살이었습니다. 역 주변에 살던 그 사람들은 Hachico를 기억했습니다. 사람들은 Hachico를 **Ueno옆에** 묻어 주었습니다. 그들은 Hachico의 동상을 만들었습니다. 그들은 그것을 **역 앞에** 놓아 두었습니다. 거리에 있는 모두가 Shibuya 역에 있는 그 동상을 보았습니다. 사람들은 말했습니다, "나는 Hachico가 좋아. **Hachico 동상 근처에서** 만나자!" 그 장소는 **Hachico때문에** 유명해졌습니다. 그 장소는 친구들, 직장인들, 그리고 학생들을 위한 만남의 장소가 되었습니다.

VI Error Analysis

This story contains 35 errors. Find and correct them.

Ueno in Shibuya, ~~tokyo~~ *Tokyo* raised dog at his house. The dog at his houses was Hachico. Hachico, at Ueno's house, liked his ownor. Hachico fellowed Ueno from the house to station. Ueno was college professor in a Tokyo. Hachico, at Uenos' house, knew Ueno's returning time at Shibuya station. Ueno meet Hachico every day in front the station after work.

Ueno, in the college, have a stroke in his officer one day. Ueno died despite of his young age. Hachico, at the house, does not know that. Hachico went the station in the evening. People around the station saw Hachico. Hachico waited Ueno in front for the station until later. Hachico wents to the station from 10 year without stop. Hachico missed Ueno.

Hachico dyes on March 8, 1935 at 7 a.m. He was thirteen year old. The peoples around the station remembered Hachico. The people buries Hachico next to Ueno. They made Hachicos' bronze statue. They placed it front of a station. Everybody on the street saw the statue at Shibuya station. People said, "I likes Hachico. Let's met near the Hachico Statue!" The place became famous because Hachico. The place became meeting place for friends, businessman, and students.

4 접속사

I Grammar

1 등위 접속사란?

내용상 관계가 있는 **두 개의 문장을 연결**해 주며, **접속사 앞에 콤마**(comma)를 찍습니다.

> 문장 1(Sentence 1), 접속사(Conjunction) + 문장 2(Sentence 2)

① **and** 그리고
She talked about it, **and** I listened silently.
그녀는 그것에 대해서 이야기를 했다. 그리고 나는 조용히 들었다.

② **but** 그러나
I chose number four to the question, **but** the answer was number one.
나는 그 질문에 4번을 선택했다. 그러나 정답은 1번이었다.

③ **so** 그래서
They reduce the price, **so** it is now 20 dollars.
그들은 가격을 낮추고 있다. 그래서 그것은 지금 20불이다.

④ **or** ~아니면, ~또는 (둘 또는 그 이상을 선택할 때)
You can have a seat by the window, **or** you can have a seat by the fireplace.
당신은 창가에 자리를 할 수 있거나, 아니면 벽난로 옆에 자리를 할 수 있습니다.

2 접속사로 보기도 하고 부사로 보기도 하는 단어

내용상 관계가 있는 **두 개의 문장을 연결**해 주며, **접속사 뒤에 콤마**(comma)를 찍습니다.

> 문장 1(Sentence 1). 접속사(Conjunction), + 문장 2(Sentence 2)

① **however** 그렇지만
We agree to the decision. **However**, we still worry about its potential influence.
우리는 그 결정에 동의한다. 그렇지만, 우리는 여전히 그것의 잠정적인 영향에 대해서 걱정을 한다.

② **besides** 게다가
I was busy. **Besides**, I was sick.
나는 바빴다. 게다가, 나는 아팠다.

③ **otherwise** 그렇지 않다면
You are important to me. **Otherwise**, I would not be here for you.
너는 나에게 중요하다. 그렇지 않다면, 나는 너를 위해 여기에 있지 않을 것이다.

④ **therefore** 그러므로, 그래서
My boyfriend and I have different personalities. **Therefore**, we need time.
나의 남자친구와 나는 다른 성격을 가지고 있다. 그러므로, 우리는 시간이 필요하다.

⑤ **nevertheless** 그럼에도 불구하고
The book was very innovative and educative. **Nevertheless**, it brought a social issue.
그 책은 매우 혁신적이고 교육적이었다. 그럼에도 불구하고, 그것은 사회적인 논쟁을 불러일으켰다.

3 주어 생략

같은 주어가 **반복**될 경우, 주어와 콤마(comma)를 생략할 수 있습니다.

We had a nice dinner, and **we** also had a delicious dessert.
우리는 좋은 저녁을 먹었다. 그리고 우리는 또한 맛있는 디저트도 먹었다.

= **We** had a nice dinner and also had a delicious dessert.
우리는 좋은 저녁을 먹었다 그리고 또한 맛있는 디저트도 먹었다.

I made a few mistakes, but **I** passed it. 나는 몇 가지 실수를 했다. 그러나 나는 그것을 통과했다.

= **I** made a few mistakes but passed it. 나는 몇 가지 실수를 했다 그러나 그것을 통과했다.

It starts at 4 p.m., or **it** starts at 5 p.m.
그것은 오후 4시에 시작하거나, 아니면 그것은 오후 5시에 시작한다.

= **It** <u>starts</u> at 4 p.m. or <u>starts</u> at 5 p.m.
그것은 오후 4시에 시작하거나 아니면 오후 5시에 시작한다.

= **It** starts <u>at</u> 4 p.m. or <u>at</u> 5 p.m.
그것은 오후 4시 아니면 오후 5시에 시작한다.

= **It** starts at 4 p.m. or 5 p.m.
그것은 오후 4시 아니면 5시에 시작한다.

★ 영어는 원래 간결한 것을 좋아해서 반복되는 주어를 생략한 것과 같이 반복되는 동사나 전치사 또한 생략할 수 있습니다.

4 콤마(Comma) 생략

① 접속사가 **아주 짧은 문장**을 연결할 때는 콤마(Comma)를 써주지 않을 수도 있습니다.
② 접속사가 연결하는 문장의 **내용**이 연속적이고 의미상 아주 가까울 때는 콤마(Comma)를 써주지 않을 수도 있습니다.

Jogging helps **but** it can hurt the knee.   [접속사 but 앞에 comma 생략]
조깅은 도움이 됩니다 그러나 그것은 무릎을 다치게 할 수 있습니다.

= Jogging helps **but** can hurt the knee.
조깅은 도움이 됩니다 그러나 무릎을 다치게 할 수 있습니다.

I read it **and** I revised it.   [접속사 and 앞에 comma 생략]
나는 그것을 읽었다 그리고 나는 그것을 수정했다.

= I read it **and** revised it.
나는 그것을 읽었다 그리고 그것을 수정했다.

II Sentences with Grammar

[등위 접속사의 사용]

1. 나의 집 옆에 있는 그 여자는 그녀의 아이들과 조카들을 함께 키웠다, **그리고** 그녀는 오랫동안 그들을 잘 키웠다.

   ▶ _____

   Word Tips next to, raised, and, well

2. 그 가게의 주인은 매니저와 함께 온다, **그러나** 그들은 오후 늦게 온다.

   ▶ _____

   Word Tips comes with, but, late

3. 그들 가운데 누군가가 버스 정류장까지 나를 따라 왔다, **그러나** 나는 그것을 몰랐었다.

   ▶ _____

   Word Tips among, followed, but

4. 그 주장은 처음에는 사람들의 일반적인 생각을 반영했다. **그렇지만**, 끝에 가서는 최근의 일에 대한 그들의 생각을 반영했다.

   ▶ _____

   Word Tips assertion, people's, general, however, in the end

5. 이번 학기에는 미국학교로부터 온 많은 복학생들이 있다, **그래서** 우리는 곧 합반 교실을 만들 것이다.

   ▶ _____

   Word Tips returning, so, combined classrooms

6. 그는 모퉁이에 있는 그 가게를 좋아했습니다, **그래서** 그는 어느 날 그의 딸과 함께 그 가게를 방문했다.

   ▶ _____

   Word Tips on, so, visited, along with

7 벽에 있는 그 몽타주사진이 그 남자다. **게다가**, 그것은 그 남자를 자세하게 묘사한다.

▶ _____
Word Tips montage photo, besides, detail

8 가게에 있는 그 여자는 그 옷을 좋아했다. **그럼에도 불구하고**, 그녀는 쇼핑하는 동안에 그 비싼 것을 고르지 않았다.

▶ _____
Word Tips nevertheless, during

9 누가 방과후에 길 아래에 있는 그 집에 갔었니 **그리고** 벽에다 낙서를 해 놓았니?

▶ _____
Word Tips and, scribbled, on

10 사람들이 거리에 있었다, **그리고** 그들은 아침부터 줄을 서 있었다.

▶ _____
Word Tips and, from

11 우리는 일사분기에 대한 소식을 기다렸다. **게다가**, 우리는 특별 보너스에 관한 소식도 또한 기다렸다.

▶ _____
Word Tips first quarter, besides, about

12 건물 앞에는 새로운 교통신호등이 있다, **그리고** 그것은 출퇴근 시 혼잡한 시간 동안 사고를 막아준다.

▶ _____
Word Tips and, prevents, rush hour

13 나는 시골에 친구들이 있다, **그리고** 나는 가끔 그들이 그립다.

▶ _____
Word Tips rural area, and

51

14 사무실에 있는 Ted는 1990년 5월 4일 생이다, **그래서** 그는 말띠 해에 태어났다.

▶ _____

Word Tips so, the Year of the Horse

15 그 사고는 오래 전에 일어났다. **그렇지만**, 고등학교 때 부터의 나의 옛날 친구가 정확한 날짜와 시간과 함께 그것을 기억하고 있었다.

▶ _____

Word Tips happened, a long time, however

16 그 클럽의 몇몇 회원들은 만기 전에 회원자격을 갱신했다, **그러나** 몇몇은 하지 않았다.

▶ _____

Word Tips club, renewed, expiration, didn't

17 뒷마당에 있는 그 사람들은 땅 밑에 쓰레기를 묻었다. **그렇지만**, 냄새가 났다.

▶ _____

Word Tips backyard, trash, under, however, smelled

18 집에 있는 나의 누나는 베란다에 그 화분들을 놓아두었다 **그리고** 거기에 매일 물을 주었다.

▶ _____

Word Tips flowerpots, watered

19 우주여행은 미래를 향한 우리의 상상이었다. **그렇지만**, 그것은 21세기에 들어와서 현실이 되었다.

▶ _____

Word Tips space trip, imagination, toward, reality

20 학부모회가 바자회를 위해서 다음 모이는 날을 투표로 정했다. **그러므로**, 모두가 그 모임에 올 것이다.

▶ _____

Word Tips meeting date, bazaar, therefore

III. Story Writing — Paragraph 1

1 Vocabulary

단 어		뜻
lived in	~에 살았다	'live in ~에 살다'의 과거형
and	그리고	
so	그래서	
used	이용했다, 사용했다	'use 이용하다, 사용하다'의 과거형
subway	지하철	
therefore	(문장 1) 그러므로 (문장 2)	
in front of	~의 앞에	

2 Sentence Writing [등위 접속사의 사용]

1. Ueno는 Tokyo Shibuya에 살았**고** 그의 집에서 강아지 한 마리를 키웠습니다.

2. 그의 집에 있는 그 강아지는 Hachico였습니다.

3. Ueno의 집에 있는 Hachico는 자기 주인을 좋아했습니다, **그래서** Hachico는 집에서부터 역까지 Ueno를 따라다녔습니다.

4. Ueno는 Tokyo에 있는 대학교수였습니다, **그래서** 지하철을 이용했습니다.

5. Ueno의 집에 있는 Hachico는 Shibuya 역에 도착하는 Ueno의 귀가 시간을 알고 있었습니다. **그러므로**, Ueno는 퇴근 후 Hachico를 매일 역 앞에서 만났습니다.

3 Paragraph Writing

> Ueno는 Tokyo Shibuya에 살았**고** 그의 집에서 강아지 한 마리를 키웠습니다. 집에 있는 그 강아지는 Hachico였습니다. Ueno의 집에 있는 Hachico는 자기 주인을 좋아했습니다, **그래서** Hachico는 집에서부터 역까지 Ueno를 따라다녔습니다. Ueno는 Tokyo에 있는 대학교수였습니다, **그래서** 지하철을 이용했습니다. Ueno의 집에 있는 Hachico는 Shibuya 역에 도착하는 Ueno의 귀가 시간을 알고 있었습니다. **그러므로**, Ueno는 퇴근 후 Hachico를 매일 역 앞에서 만났습니다.

Ⅳ Story Writing   Paragraph 2

1 Vocabulary

단 어	뜻
however	그렇지만
until	~때까지
therefore	그래서
without	~없이
stop	멈춤, 그만둠

2 Sentence Writing [등위 접속사의 사용]

1 Ueno는 젊었습니다. **그러나** 학교에 있던 Ueno는 어느날 사무실에서 뇌졸중을 일으켰습니다.

2 Ueno는 그의 젊은 나이에도 불구하고 숨을 거두고 말았습니다. **그렇지만**, 집에 있는 Hachico는 그것을 몰랐습니다.

3 Hachico는 저녁에 역으로 나갔**고** 늦게까지 역 앞에서 Ueno를 기다렸습니다.

4 역 주변에 있는 사람들은 Hachico를 보았습니다.

5 Hachico는 Ueno를 그리워했습니다. **그래서**, Hachico는 10년 동안 멈추지 않고 역으로 나갔습니다.

3 Paragraph Writing

> Ueno는 젊었습니다, **그러나** 학교에 있던 Ueno는 어느날 사무실에서 뇌졸중을 일으켰습니다. Ueno는 그의 젊은 나이에도 불구하고 숨을 거두고 말았습니다. **그렇지만**, 집에 있는 Hachico는 그것을 몰랐습니다. Hachico는 저녁에 역으로 나갔**고** 늦게까지 역 앞에서 Ueno를 기다렸습니다. 역 주변에 있는 사람들은 Hachico를 보았습니다. Hachico는 Ueno를 그리워했습니다. **그래서**, Hachico는 10년 동안 멈추지 않고 역으로 나갔습니다.

V Story Writing   Paragraph 3

1 Vocabulary

단 어	뜻	
next to	~옆에	
placed	놓았다, 놓아두었다	'place 놓다, 놓아두다'의 과거형
said	말했다	'say 말하다'의 과거형
because of	~때문에	
so	그러니까	

2 Sentence Writing [등위 접속사의 사용]

1 Hachico는 1935년 3월 8일 아침 7시에 죽었습니다. 그는 13살이었습니다.

2 역 주변에 살던 그 사람들은 Hachico를 기억했습니다. **그래서** 그들은 Hachico를 Ueno 옆에 묻어 주었습니다.

3 그들은 Hachico의 동상을 만들었습니다 **그리고** 그것을 역 앞에 놓아 두었습니다.

4 거리에 있는 모두가 Shibuya 역에 있는 그 동상을 보았습니다 **그리고** 말했습니다, "나는 Hachico가 좋아, **그러니까** Hachico 동상 근처에서 만나자!"

5 그 장소는 Hachico때문에 유명해졌습니다. **그리고** 그곳은 친구들, 직장인들, 그리고 학생들을 위한 만남의 장소가 되었습니다.

3 Paragraph Writing

> Hachico는 1935년 3월 8일 아침 7시에 죽었습니다. 그는 13살이었습니다. 역 주변에 살던 그 사람들은 Hachico를 기억했습니다, **그래서** 그들은 Hachico를 Ueno 옆에 묻어 주었습니다. 그들은 Hachico의 동상을 만들었습니다 **그리고** 그것을 역 앞에 놓아 두었습니다. 거리에 있는 모두가 Shibuya 역에 있는 그 동상을 보았습니다 그리고 말했습니다, "나는 Hachico가 좋아. **그러니까,** Hachico 동상 근처에서 만나자!" 그 장소는 Hachico때문에 유명해졌습니다, **그리고** 그곳은 친구들, 직장인들, 그리고 학생들을 위한 만남의 장소가 되었습니다.

VI Error Analysis

This story contains 35 errors. Find and correct them.

Ueno ~~live~~ in shibuya, Tokyo and roused a dog at his house. The dog at
lived
his house were Hachico. Hachico, at Ueno's house, liked his owner, so Hachico followeds the Ueno from the house to the stations. Ueno was a college professer in Tokyo, so he use the sub way. Hachico, at Ueno's house, knew Ueno's returning timing at the Shibuya station. Therefore, Ueno met Hachico every day in front of the station after work.

Ueno was young, but Ueno, in the college, had stroke in her office one day. Ueno died despite his younger age. However, Hachico, at the house, do not know that. Hachico went to the station in evening and waited over Ueno in front of the station untill late. People around the stations saw Hachico. Hachico mised Ueno. Therefore Hachico went to the station for 10 years with out stop.

Hachico died on March 8 1935 at 7 a.m. He was thirteen years olds. The people around these station remembered Hachico so they buried Hachico next Ueno. They makes Hachico's bronze state and placed it in front of the station. Everybody on the street saw the statue at shibuya station and said, "I like Hachico, so let's meet near Hachico Statue!" Place became famous because Hachico, and it be came a meeting places for friends, businessmen, and students.

5 부사절

I Grammar

1 부사절 만들기

부사절은 미완성된 문장으로서 접속사 뒤에 문장을 써서 만듭니다.

> 부사절 = 접속사(Conjunction) + 문장(Sentence)

① **because** ~때문에   [since보다 강한 원인과 결과를 나타냅니다.]
  Because we did not have enough time, ~ 우리는 충분한 시간이 없었기 때문에 ~

② **since** ~때문에, ~이므로 [because보다 약한 원인과 결과를 나타냅니다.]
  Since we are close friends, ~ 우리는 가까운 친구 사이이기 때문에 ~

③ **after** ~후에
  After I listened to her song, ~ 나는 그녀의 노래를 들은 후에 ~

④ **before** ~전에
  Before it rains, ~ 비가오기 전에 ~

⑤ **when** ~할 때
  When the opportunity comes, ~ 기회가 왔을 때 ~

⑥ **as** ~일 때   [원인과 결과가 거의 동시에 일어남을 나타냅니다.]
  As I walked into the room, ~ 내가 그 방을 걸어 들어갔을 때 ~

⑦ **while** ~하는 동안에
  While I was cleaning my room, ~ 내가 방을 청소하고 있는 동안 ~

⑧ **until / till** ~때까지
  ~ until / till the price goes down. 그 가격이 내려갈 때까지 ~
  ★ until을 쓴 부사절은 주로 결론절 뒤에 놓입니다.

⑨ **even though / although** 비록 ~이지만
  Even though / Although they were behind the schedule, ~
  그들은 계획보다 뒤에 있었지만 ~

⑩ **as long as** ~하는 한
  As long as you believe in yourself, ~ 너 자신을 믿고 있는 한 ~

⑪ **as soon as** ~하자마자 곧
  As soon as the Sunday service is finished, ~ 일요 예배가 끝나자 마자 ~

⑫ **if** 만일~하면
  If you do it now, ~ 만일 네가 그것을 지금 하면 ~

⑬ **even if** 만일 ~할 지라도
  ~ even if it is expensive. 만일 그것이 비싸더라도 ~
  ★ even if를 쓴 부사절은 주로 결론절 뒤에 놓입니다.

⑭ **unless** ~하지 않는 한
  ~ unless you exercise regularly. 너는 규칙적으로 운동하지 않는 한 ~

⑮ **whenever** ~할 때는 언제든지
  Whenever I go shopping, ~ 나는 쇼핑을 갈 때면 언제든지 ~

⑯ **wherever** ~하는 곳은 어디라도
  Wherever the travelers go, ~ 여행객들이 어디를 가든지 ~

⑰ **as if** 마치 ~처럼
  ~ as if nothing happened. 아무 일도 일어나지 않았던 것처럼 ~
  ★ as if를 쓴 부사절은 주로 결론절 뒤에 놓입니다.

⑱ **so ~ that** 너무 ~해서 ~하다
  My boss changed the plan so often that ~
  나의 상사는 그 계획을 너무 자주 바꾸어서 ~

2 부사절 뒤에 문장을 써서 내용을 마무리 하기

부사절만으로는 완벽한 메세지를 전달하지 못하므로, 부사절 앞 또는 뒤에 또 하나의 문장을 써주어야 합니다. 이러한 문장은 전체적인 내용을 마무리 짓기 때문에 '결론절' 또는 '주절'이라고 부릅니다.

부사절이 들어간 완전한 문장	부사절(Adverb Clause), 결론절(주절)

① **because** ~때문에 [since보다 강한 원인과 결과를 나타냅니다.]
  Because we did not have enough time, we ran.
         부사절   결론절(주절)
  우리는 충분한 시간이 없었기 때문에 우리는 뛰었다.

② **since** ~때문에, ~이므로 [because보다 약한 원인과 결과를 나타냅니다.]
  Since we are close friends, I will tell you the secret.
         부사절   결론절(주절)
  우리는 가까운 친구 사이이기 때문에 나는 너에게 그 비밀을 말해줄 것이다.

③ **after** ~후에
  After I listened to her song, I became a fan of her.
         부사절   결론절(주절)
  그녀의 노래를 들은 후에 나는 그녀의 팬이 되었다.

④ **before** ~전에
  Before it rains, it thunders. 비가 오기 전에 천둥이 친다.
    부사절   결론절(주절)

⑤ **when** ~할 때
When the opportunity comes, don't miss it! 기회가 왔을 때 그것을 놓치지 말아라!
　　부사절　　　　　　　결론절(주절)

⑥ **as** ~일 때　　[원인과 결과가 거의 동시에 일어남을 나타냄]
As I walked into the room, the phone rang.
　　부사절　　　　　결론절(주절)
내가 그 방을 걸어 들어갈 때 그 전화가 울렸다.

⑦ **while** ~하는 동안에
While I was cleaning my room, I turned on a radio loudly.
　　부사절　　　　　　　결론절(주절)
내가 방을 청소하고 있는 동안 나는 라디오를 크게 틀었다.

⑧ **until / till** ~때까지
I will wait **until/till the price goes down**. 나는 그 가격이 내려갈 때까지 기다릴 거야.
결론절(주절)　　　부사절

⑨ **even though / although** 비록 ~이지만
Even though/Although they were behind the schedule, they did not hurry.
　　　부사절　　　　　　　　　　　　결론절(주절)
그들은 계획보다 뒤에 있었지만 그들은 서두르지 않았다.

⑩ **as long as** ~하는 한
As long as you believe in yourself, everything will be okay.
　　부사절　　　　　　　　결론절(주절)
너 자신을 믿고 있는 한 모든 것이 잘 될 거야.

⑪ **as soon as** ~하자마자 곧
As soon as the Sunday service is finished, we went on a picnic.
　　부사절　　　　　　　　　결론절(주절)
일요 예배가 끝나자 마자 우리는 소풍을 갔다.

⑫ **if** 만일~하면
If you do it now, you can save your time and money a lot.
　　부사절　　　　　결론절(주절)
만일 네가 그것을 지금 하면 너는 너의 시간과 돈을 많이 절약할 수 있다.

⑬ **even if** 만일 ~할 지라도
People will buy it **even if it is expensive**. 사람들은 비싸더라도 그것을 살 것이다.
결론절(주절)　　　부사절

⑭ **unless** ~하지 않는 한
You cannot lose your weight **unless you exercise regularly**.
　　결론절(주절)　　　　　　부사절
너는 규칙적으로 운동하지 않는 한 너의 몸무게를 줄일 수 없다.

⑮ **whenever** ~할 때는 언제든지
Whenever I go shopping, I use coupons. 나는 쇼핑을 갈 때면 언제든지 쿠폰을 사용한다.
　　부사절　　　　　결론절(주절)

⑯ **wherever** ~하는 곳은 어디라도
Wherever the travelers go, they can see our traditional temple.
　　부사절　　　　　　결론절(주절)
여행객들이 어디를 가든지 그들은 우리의 전통적인 사원을 볼 수 있다.

⑰ **as if** 마치 ~처럼
The man got up and walked away as if nothing happened.
　　　　　결론절(주절)　　　　　　　　　　부사절
그 남자는 마치 아무 일도 일어나지 않았던 것처럼 일어나서 걸어나갔다.

⑱ **so ~ that** 너무 ~해서 ~하다
My boss changed the plan so often that he caused confusion.
　　　　결론절(주절)　　　　　　　　　　부사절
나의 상사는 그 계획을 너무 자주 바꾸어서 그는 혼돈을 일으켰다.

3 부사절의 위치 바꾸기

부사절을 뒤로 보내고 결론절을 앞으로 보내서 그 위치를 바꿀 수 있습니다. 이때, 부사절을 뒤로 보내면 콤마(Comma)는 쓰지 않습니다.

> **부사절, 결론절(주절) = 결론절(주절) 부사절**

We ran because we did not have enough time.
우리는 충분한 시간이 없었기 때문에 우리는 뛰었다.

I will tell you the secret since we are close friends.
우리는 가까운 친구 사이기 때문에 나는 너에게 그 비밀을 말해줄 것이다.

I became a fan of her after I listened to her song.
나는 그녀의 노래를 들은 후에 나는 그녀의 팬이 되었다.

It thunders before it rains.
비가오기 전에 천둥이 친다.

Don't miss it when the opportunity comes!
기회가 왔을 때 그것을 놓치지 말아라!

The phone rang as I walked into the room.
내가 그 방을 걸어 들어갈 때 그 전화가 울렸다.

I turned on a radio loudly while I was cleaning my room.
내가 방을 청소하고 있는 동안 나는 라디오를 크게 틀었다.

They did not hurry even though/although they were behind the schedule.
그들은 계획보다 뒤에 있었지만 그들은 서두르지 않았다.

Everything will be okay as long as you believe in yourself.
너 자신을 믿고 있는 한 모든 것이 잘 될 거야.

We went on a picnic as soon as the Sunday service is finished.
일요 예배가 끝나자 마자 우리는 소풍을 갔다.

You can save your time and money a lot if you do it now.
만일 네가 그것을 지금 하면 너는 너의 시간과 돈을 많이 절약할 수 있다.

I use coupons whenever I go shopping.
나는 쇼핑을 갈 때면 언제든지 쿠폰을 사용한다.

They can see our traditional temple wherever the travelers go.
여행객들이 어디를 가든지 그들은 우리의 전통적인 사원을 볼 수 있다.

Ⅱ Sentences with Grammar

[부사절의 사용]

1. 나의 집 옆에 있는 그 여자는 그녀의 아이들과 조카들을 좋아했기 **때문에**, 그녀는 오랫동안 그들을 함께 키웠다.

   ▶ _____

   Word Tips because

2. 그 가게의 주인이 오후 늦게 올 **때**, 그는 매니저와 함께 온다.

   ▶ _____

   Word Tips when

3. 그들 가운데 누군가가 버스 정류장까지 나를 따라 왔을 **때**, 나는 그것을 몰랐었다.

   ▶ _____

   Word Tips when

4. 비록 그 주장은 처음에는 사람들의 일반적인 생각을 반영했**지만**, 끝에 가서는 최근의 일에 대한 그들의 생각을 반영했다.

   ▶ _____

   Word Tips even though

5. 이번 학기에는 미국학교로부터 온 많은 복학생들이 있기 **때문에**, 우리는 곧 합반 교실을 만들 것이다.

   ▶ _____

   Word Tips because

6. 그는 모퉁이에 있는 그 가게를 좋아했기 **때문에**, 그는 어느 날 그의 딸과 함께 그 가게를 방문했다.

   ▶ _____

   Word Tips because

7   벽에 있는 그 몽타주사진이 그 남자를 자세하게 묘사하고 **있으므로**, 그것은 매우 도움이 된다.

▶ _____
Word Tips since

8   **비록** 가게에 있는 그 여자는 그 옷을 좋아했**지만**, 그녀는 쇼핑하는 동안에 그 비싼 것을 고르지 않았다.

▶ _____
Word Tips even though

9   우리들이 방과후에 길 아래에 있는 그 집에 갔었을 **때**, 누군가가 벽에다 낙서를 해놨다.

▶ _____
Word Tips when

10   사람들이 거리에 있었을 **때**, 그들은 아침부터 줄을 서 있었다.

▶ _____
Word Tips when

11   우리가 일사분기에 대한 소식을 기다리고 있는 **동안**, 우리는 특별 보너스에 관한 소식도 또한 기다렸다.

▶ _____
Word Tips while

12   건물 앞에는 새로운 교통신호등이 있기 **때문에**, 그것은 출퇴근 시 혼잡한 시간 동안 사고를 막아준다.

▶ _____
Word Tips because

13   나는 시골에 친구들이 있기 **때문에**, 가끔 그들이 그립다.

▶ _____
Word Tips because

14 사무실에 있는 Ted는 1990년생**이므로**, 그는 말띠 해에 태어났다.

▶ _____
Word Tips since

15 **비록** 그 사고는 오래 전에 일어났**지만**, 고등학교 때 부터의 나의 옛날 친구가 정확한 날짜와 시간과 함께 그것을 기억하고 있었다.

▶ _____
Word Tips even though

16 그 클럽의 몇몇 회원들이 만기 전에 회원자격을 갱신**하는 동안**, 몇몇은 하지 않았다.

▶ _____
Word Tips while

17 뒷마당에 있는 그 사람들이 땅 밑에 쓰레기를 묻을 **때마다**, 냄새가 났다.

▶ _____
Word Tips whenever

18 집에 있는 나의 누나는 베란다에 화분들을 놓아**두자마자**, 그녀는 거기에 물을 주었다.

▶ _____
Word Tips as soon as

19 우주여행이 21세기에 들어와서 현실이 되기**까지** 그것은 미래를 향한 우리의 상상이었다.

▶ _____
Word Tips until

20 학부모회가 바자회를 위해서 다음 모이는 날을 투표로 정**하는 한** 모두가 그 모임에 올 것이다.

▶ _____
Word Tips as long as

III. Story Writing   Paragraph 1

1 Vocabulary

단 어	뜻
when~	~할 때, ~일 때
because~	~때문에, ~이므로
since	~때문에, ~이므로

2 Sentence Writing [부사절의 사용]

1. Ueno가 Tokyo Shibuya에 살았**을 때**, 그는 그의 집에서 강아지 한 마리를 키웠습니다.

2. 그의 집에 있는 그 강아지는 Hachico였습니다.

3. Ueno의 집에 있는 Hachico는 자기 주인을 좋아했기 **때문에**, Hachico는 집에서부터 역까지 Ueno를 따라다녔습니다.

4. Ueno는 Tokyo에 있는 대학교수였**으므로**, 지하철을 이용했습니다.

5. Ueno의 집에 있는 Hachico는 Shibuya 역에 도착하는 Ueno의 귀가 시간을 알고 있었기 **때문에**, Ueno는 퇴근 후 Hachico를 매일 역 앞에서 만났습니다.

3 Paragraph Writing

Ueno가 Tokyo Shibuya에 살았**을 때**, 그는 그의 집에서 강아지 한 마리를 키웠습니다. 그의 집에 있는 그 강아지는 Hachico였습니다. Ueno의 집에 있는 Hachico는 자기 주인을 좋아했기 **때문에**, Hachico는 집에서부터 역까지 Ueno를 따라다녔습니다. Ueno는 Tokyo에 있는 대학교수였**으므로**, 지하철을 이용했습니다. Ueno의 집에 있는 Hachico는 Shibuya 역에 도착하는 Ueno의 귀가 시간을 알고 있었기 **때문에**, Ueno는 퇴근 후 Hachico를 매일 역 앞에서 만났습니다.

IV Story Writing Paragraph 2

1 Vocabulary

단 어	뜻
even though~	비록 ~이지만
whenever	~할 때는 언제든지
so much that	(문장 1) 너무 ~해서 ~이다 (문장 2)

2 Sentence Writing [부사절의 사용]

1. Ueno는 젊었음**에도 불구하고**, 학교에 있던 Ueno는 어느날 사무실에서 뇌졸중을 일으켰습니다.

2. Ueno가 숨을 거두었**을 때**, 집에 있는 Hachico는 그것을 몰랐습니다.

3. Hachico는 저녁에 역으로 나갈 **때마다**, 늦게까지 역 앞에서 Ueno를 기다렸습니다.

4. 역 주변에 있는 사람들은 Hachico를 보았습니다.

5. Hachico는 Ueno를 **너무** 그리워**해서** 그는 10년 동안 멈추지 않고 역으로 나갔습니다.

3 Paragraph Writing

> Ueno는 젊었음**에도 불구하고**, 학교에 있던 Ueno는 어느날 사무실에서 뇌졸중을 일으켰습니다. Ueno가 숨을 거두었**을 때**, 집에 있는 Hachico는 그것을 몰랐습니다. Hachico는 저녁에 역으로 나갈 **때마다** 늦게까지 역 앞에서 Ueno를 기다렸습니다. 역 주변에 있는 사람들은 Hachico를 보았습니다. Hachico는 Ueno를 **너무** 그리워**해서** 그는 10년 동안 멈추지 않고 역으로 나갔습니다.

V Story Writing Paragraph 3

1 Vocabulary

단 어	뜻
after~	~후에
if~	~이라면
okay	괜찮은, 좋은
as soon as~	~하자마자 곧

2 Sentence Writing [부사절의 사용]

1. Hachico가 1935년 3월 8일 아침 7시에 죽었**을 때**, 그는 13살이었습니다.

2. 역 주변에 살던 그 사람들은 Hachico를 기억했기 **때문에**, 그들은 그를 Ueno옆에 묻어 주었습니다.

3. 그들이 Hachico의 동상을 만든 **후에**, 그들은 그것을 역 앞에 놓아 두었습니다.

4. 거리에 있는 모두가 Shibuya 역에 있는 그 동상을 보았습니다.

5. 그 사람들은 말했습니다, "**만일** 괜찮으**면** Hachico 동상 근처에서 만나자!"

6. 그 장소가 Hachico때문에 유명해**지자 곧**, 그 곳은 친구들, 직장인들, 그리고 학생들을 위한 만남의 장소가 되었습니다.

3 **Paragraph Writing**

Hachico가 1935년 3월 8일 아침 7시에 죽었**을 때**, 그는 13살이었습니다. 역 주변에 살던 그 사람들은 Hachico를 기억했기 **때문에**, 그들은 그를 Ueno옆에 묻어 주었습니다. 그들이 Hachico의 동상을 만든 **후에**, 그들은 그것을 역 앞에 놓아 두었습니다. 거리에 있는 모두가 Shibuya 역에 있는 그 동상을 보았습니다. 그 사람들은 말했습니다, "**만일** 괜찮으**면** Hachico 동상 근처에서 만나자!" 그 장소가 Hachico 때문에 유명해**지자 곧**, 그 곳은 친구들, 직장인들, 그리고 학생들을 위한 만남의 장소가 되었습니다.

VI Error Analysis

This story contains 40 errors. Find and correct them.

When Ueno ~~live~~ *lived* in Shibuya Tokyo, he raised a dog at his house. The dog at he's house was Hachico. Because of Hachico, at Ueno's house, liked his owner, Hachico followed Ueno to the house from the station. Because of Ueno was a colleague professor in Tokyoo, he used subway. Since hachico, at Ueno's house, knew Ueno's returning time at a Shibuya station, Ueno met Hachico every day in front of station after worker.

Even tough Ueno was young, Ueno, in the college, have a stroke in his office one day. When Ueno died, Hachico, at house, did not know that. When ever Hachico want to the station in the evening, he wanted for Ueno in front of the station until rate. People around the station saw the Hachico. Hachico missed ueno so much that he wents to the station for 10 year without stops.

When Hachico died on March 8, 1935 at 7 a.m., he is thirteen year's old. Because of the people around the station membered Hachico. they buried him next to Ueno. After they made Hachico's bronze statue, they pleascd it in front of the station. Everybody in the street saw statue at Shibuya station. People sad, "If it is okay, let's meet nearer Hachico Statue!" As soon is the place became famous because Hachico, it became meeting place for friend, businessmen, and students.

6 부사구

I Grammar

1 부사구란?

① 부사절에서 주어와 be동사가 빠진 것입니다. be동사가 사용되지 않은 문장에서는 주어만 빠집니다.

② 접속사 다음에 바로 **-ing** 형태의 단어가 옵니다.

> 부사절 (= 접속사 + 문장), 주절
> 부사구 (= 접속사 + -ing), 주절

부사절	부사구
When I study, ~ 내가 공부 할 때 ~	When study**ing**, ~ 공부 할 때 ~
After the committee considered, ~ 그 위원회가 고려한 후에 ~	After consider**ing**, ~ 고려한 후에 ~
Before my father allows, ~ 나의 아버지가 허락하시기 전에 ~	Before allow**ing**, ~ 허락하시기 전에 ~
Because we are eating too much, ~ 우리가 너무 많이 먹고 있기 때문에 ~	Because eat**ing** too much, ~ 너무 많이 먹고 있기 때문에 ~
While she was sleeping, ~ 그녀가 자고 있는 동안 ~	While sleep**ing**, ~ 자고 있는 동안 ~

2 부사절을 부사구로 고치기 – 부사절에 'be동사'가 있을 때

① 부사절의 주어와 그 뒤에 따라오는 문장(주절)의 주어가 같은지 확인합니다.

② 그 두개의 주어가 같은 경우, 부사절의 **주어**를 생략합니다.

③ 부사절의 **be동사**를 생략합니다.

④ 부사절의 생략된 주어가 무엇인지 알려주기 위해서, 결론절의 주어를 그 생략된 주어로 바꿔줍니다.

[부사절]   While **Jane was writing** an essay, she used an electric dictionary.
Jane이 에세이를 쓰고 있는 동안 그녀는 전자사전을 사용했다.

[부사구]   While **writing** an essay, **Jane** used an electric dictionary.
에세이를 쓰고 있는 동안 Jane은 전자사전을 사용했다.
(누가 에세이를 쓰는지 생략을 해서 모르지만 결론절에 가면 알 수가 있다)

[부사절]   When **Cindy was speaking** in English, she looked nervous.
          Cindy가 영어로 말하는 동안 그녀는 긴장한 것처럼 보였다.
[부사구]   When **speaking** in English, **Cindy** looked nervous.
          영어로 말하는 동안 Cindy는 긴장한 것처럼 보였다.

3 부사절을 부사구로 고치기 – 부사절에 '일반동사'가 있을 때

① 부사절의 주어와 그 뒤에 따라오는 문장의 주어가 같은지 확인합니다.
② 그 두개의 주어가 같은 경우, 부사절의 **주어**를 생략합니다.
③ 부사절의 '일반동사 원형'에 **-ing**를 붙입니다.
④ 부사절의 생략된 주어가 무엇인지 알려주기 위해서, 결론절의 주어를 그 생략된 주어로 바꿔줍니다.

[부사절]   Before **Samuel called** them, he checked their phone numbers.
          Samuel이 그들에게 전화를 하기 전에 그는 그들의 전화번호를 확인했다.
[부사구]   Before **calling** them, **Samuel** checked their phone numbers.
          그들에게 전화를 하기 전에 Samuel은 그들의 전화번호를 확인했다.

[부사절]   After **I took** a shower, I had breakfast.
          나는 샤워를 한 후에 나는 아침식사를 했다.
[부사구]   After **taking** a shower, I had breakfast.
          샤워를 한 후에 나는 아침식사를 했다.

잠깐

① 부사절의 주어와 그 뒤에 따라오는 문장의 주어는 꼭 같아야 합니다.

Before Samuel called them, Kate checked their phone numbers.
→ 부사절의 주어인 Samuel과 주절의 주어인 Kate이 같지 않으므로 부사절을 부사구로 바꿀 수 없습니다.

② because, since, while은 부사구로 고칠 때 생략할 수 있습니다.
또한, be동사를 생략하지 않고 원형에 -ing를 붙여서 나타낼 수 있습니다.

Because she was extremely happy, she kissed everyone around her.
= Because extremely happy, she kissed everyone around her.
= Extremely happy, she kissed everyone around her.
= Being extremely happy, she kissed everyone around her.

③ when은 부사구로 고치면 전치사 on이나 upon으로 바꾸어 쓸 수 있습니다.

When they were taking a test, they used their dictionaries.
= When taking a test, they used their dictionaries.
= On taking a test, they used their dictionaries.
= Upon taking a test, they used their dictionaries.

II. Sentences with Grammar

[부사구의 사용]

1. 나의 집 옆에 있는 그 여자는 그녀의 아이들과 조카들을 좋아했기 **때문에** 오랫동안 그들을 함께 키웠다.

   ▶ (부사절) _____

   ▶ (부사구) _____

   ▶ (부사구) _____

   Word Tips liking, next to

2. 오후 늦게 올 **때** 그 가게의 주인은 매니저와 함께 온다.

   ▶ (부사절) _____

   ▶ (부사구) _____

   ▶ (부사구) _____

   ▶ (부사구) _____

   Word Tips coming, of

3. 비록 처음에는 사람들의 일반적인 생각을 반영하고 있었**지만** 그 주장은 끝에 가서는 최근의 일에 대한 그들의 생각을 반영하고 있다.

   ▶ (부사절) _____

   ▶ (부사구) _____

   Word Tips reflecting, assertion

4. 모퉁이에 있는 그 가게를 좋아했기 **때문에** 그는 어느 날 그의 딸과 함께 그 가게를 방문했다.

   ▶ (부사절) _____

   ▶ (부사구) _____

   ▶ (부사구) _____

   Word Tips liking, along with

5 그 남자를 자세하게 묘사하고 **있으므로** 벽에 있는 그 몽타주사진은 매우 도움이 된다.

▶ (부사절) _____

▶ (부사구) _____

▶ (부사구) _____

Word Tips describing, montage photo, on

6 **비록** 그 옷을 원했**지만** 가게에 있는 그 여자는 쇼핑하는 동안에 그 비싼 것을 고르지 않았다.

▶ (부사절) _____

▶ (부사구) _____

Word Tips wanting, woman, at

7 거리에 있었을 **때** 사람들은 아침부터 줄을 서 있었다.

▶ (부사절) _____

▶ (부사구) _____

▶ (부사구) _____

▶ (부사구) _____

Word Tips being, were, in line

8 일사분기에 대한 소식을 기다리고 있는 **동안**, 우리는 특별 보너스에 관한 소식도 또한 기다렸다.

▶ (부사절) _____

▶ (부사구) _____

▶ (부사구) _____

Word Tips waiting, waited for

9 시골에 친구들이 있기 **때문에** 가끔 그들이 그립다.

▶ (부사절) _____

▶ (부사구) _____

▶ (부사구) _____

Word Tips having, from time to time

10 1990년생이므로 사무실에 있는 Ted는 말띠 해에 태어났다.

▶ (부사절) _____

▶ (부사구) _____

▶ (부사구) _____

▶ (부사구) _____

Word Tips being, Year of the Horse

11 만기 전에 회원자격을 갱신하는 동안 그 클럽의 몇몇 회원들은 하지 않았다.

▶ (부사절) _____

▶ (부사구) _____

▶ (부사구) _____

Word Tips renewing, members of the club

12 베란다에 화분들을 놓아두자마자 집에 있는 나의 누나는 거기에 물을 주었다.

▶ (부사절) _____

▶ (부사구) _____

Word Tips placing, veranda

13 우주여행이 21세기에 들어와서 현실이 되기까지 그것은 미래를 향한 우리의 상상이었다.

▶ (부사절) _____

▶ (부사구) _____

Word Tips becoming, a space trip, toward

III. Story Writing   Paragraph 1

1 Vocabulary

단 어	뜻
when	~일 때
because	~ 때문에
since	~였으므로, ~이기 때문에

2 Sentence Writing [부사구의 사용]

1. Tokyo Shibuya에 살았**을 때**, Ueno는 그의 집에서 강아지 한 마리를 키웠습니다.

2. 그의 집에 있는 그 강아지는 Hachico였습니다.

3. 자기 주인을 좋아했기 **때문에**, Hachico는 집에서부터 역까지 Ueno를 따라다녔습니다.

4. Tokyo에 있는 대학교수였**으므로**, Ueno는 지하철을 이용했습니다.

5. Ueno의 집에 있는 Hachico는 Shibuya 역에 도착하는 Ueno의 귀가 시간을 알고 있었기 **때문에**, Ueno는 퇴근 후 Hachico를 매일 역 앞에서 만났습니다.

3 **Paragraph Writing**

> Tokyo Shibuya에 살았**을 때**, Ueno는 그의 집에서 강아지 한 마리를 키웠습니다. 그의 집에 있는 그 강아지는 Hachico였습니다. 자기 주인을 좋아했기 **때문에**, Hachico는 집에서부터 역까지 Ueno를 따라다녔습니다. Tokyo에 있는 대학교수였**으므로**, Ueno는 지하철을 이용했습니다. Ueno의 집에 있는 Hachico는 Shibuya 역에 도착하는 Ueno의 귀가 시간을 알고 있었기 **때문에**, Ueno는 퇴근 후 Hachico를 매일 역 앞에서 만났습니다.

IV Story Writing Paragraph 2

1 Vocabulary

단 어	뜻
even though	~에도 불구하고
whenever	~할 때마다

2 Sentence Writing [부사구의 사용]

1. 젊었음**에도 불구하고**, 학교에 있던 Ueno는 어느날 사무실에서 뇌졸중을 일으켰습니다.

2. Ueno가 젊은 나이에도 불구하고 숨을 거두었**을 때**, 집에 있는 Hachico는 그것을 몰랐습니다.

3. Hachico가 저녁에 역으로 나갈 **때마다**, 역 주변에 있는 사람들은 Hachico를 보았습니다.

4. Hachico는 늦게까지 역 앞에서 Ueno를 기다렸습니다.

5. Hachico는 Ueno를 **너무** 그리워**해서** 그는 10년 동안 멈추지 않고 역으로 나갔습니다.

3 Paragraph Writing

젊었음**에도 불구하고** 학교에 있던 Ueno는 어느날 사무실에서 뇌졸중을 일으켰습니다. Ueno가 젊은 나이에도 불구하고 숨을 거두었**을 때** 집에 있는 Hachico는 그것을 몰랐습니다. Hachico가 저녁에 역으로 나갈 **때마다** 역 주변에 있는 사람들은 Hachico를 보았습니다. Hachico는 늦게까지 역 앞에서 Ueno를 기다렸습니다. Hachico는 Ueno를 **너무** 그리워**해서** 그는 10년 동안 멈추지 않고 역으로 나갔습니다.

V Story Writing Paragraph 3

1 Vocabulary

단 어	뜻
when	~때
after	~후에
as soon as	~ 하자마자 곧

2 Sentence Writing [부사구의 사용]

1. 1935년 3월 8일 아침 7시에 죽었**을 때**, Hachico는 13살이었습니다.

2. Hachico를 기억하고 있었기 **때문에**, 그 사람들은 그를 Ueno옆에 묻어 주었습니다.

3. Hachico의 동상을 만든 **후에**, 그들은 그것을 역 앞에 놓아 두었습니다.

4. 거리에 있는 모두가 Shibuya 역에 있는 그 동상을 보았습니다.

5. 사람들은 말했습니다, "**만일** 괜찮다**면** Hachico 동상 근처에서 만나자!"

6. Hachico때문에 유명해**지자 마자 곧**, 그 장소는 친구들, 직장인들, 그리고 학생들을 위한 만남의 장소가 되었습니다.

3 Paragraph Writing

1935년 3월 8일 아침 7시에 죽었**을 때** Hachico는 13살이었습니다. Hachico를 기억하고 있었기 **때문에** 그 사람들은 그를 Ueno옆에 묻어 주었습니다. Hachico의 동상을 만든 **후에** 그들은 그것을 역 앞에 놓아 두었습니다. 거리에 있는 모두가 Shibuya 역에 있는 그 동상을 보았습니다. 사람들은 말했습니다, "**만일** 괜찮다**면** Hachico 동상 근처에서 만나자!" Hachico때문에 유명해**지자 마자 곧**, 그 장소는 친구들, 직장인들, 그리고 학생들을 위한 만남의 장소가 되었습니다.

VI. Error Analysis

This story contains 40 errors. Find and correct them.

When ~~live~~ *living* in shibuya, Tokyo, Ueno raised a dog at him house. The dog at his house was Hachico. Linking his owner, Hachico follows Ueno from the house to a station. Being a college professor in Tokyo, Ueno was used the subways. Because Hachico, at Uenos' house, new Ueno's returning time at Shibuya Station, Ueno met Hachico every day front of the Station after work.

Eventhough young, Ueno, in the college, have a strike in his office one day. When Ueno dyed despite his young ages, Hachico, at the house, did not no that. When ever Hachico went to the station at the evening, people around the station saw Hachico. Hachico wait for Ueno in front off the Station until late. Hachico miss Ueno saw much that he went to the station for 10 years with out stop.

When died on March 8, 1935 at 7 a.m., Hachico was thirteen years older. Remembering Hachico, people buried him next to Ueno. After marking Hachico's Bronze statue, they placed it in front of the station. Everybody on the streets saw a statue at Shibuya station. People saying, "If it is okay, let's meet near Hachico Statue!" As soon as be coming famulus because of the Hachico, the place become a meeting place four friends, businessmen, and students.

Hachico

앞에 나온 story는 특정한 문법을 공부하기 위한 story였습니다.

문법공부를 위해 만들어진 story는 학습효과의 증대를 위해서 특정 문법을 반복 학습하도록 유도하다 보니까 내용이 부자연스러워질 수 있습니다.

여기에 소개된 story는 문법보다는 내용이 자연스러워 지도록 Rewriting한 story 입니다.

While living at his house in Shibuya, Tokyo, Ueno raised a dog named Hachico. Because Hachico liked his owner, he followed Ueno from his house to the station every day. Ueno was a college professor in Tokyo, so he had to use the subway. Hachico met Ueno at the station every day after work because he knew Ueno's returning time.

Despite his young age, one day Ueno had a stroke in his office at the college and passed away. However, Hachico, still at home, did not know that. People noticed that Hachico went to the station to wait for Ueno every day, until late at night. Hachico missed his owner so much that he went to the station every day for 10 years.

Hachico died at 7:00 a.m. on March 8, 1935. He was thirteen years old. Since the people regularly around the station remembered Hachico, they buried him next to his owner. They made a bronze statue of Hachico and placed it in front of the station. Everybody knew about this statue at Shibuya station and would say "Let's meet near the statue of Hachico." As soon as the place became famous because of the story of Hachico, it became a popular meeting place for friends, businessmen, and students.

Story Writing Wings 01   Hachico

Writing Guideline

Writing Guideline

1 목적어와 보어

II Sentences with Grammar p. 14

1. The woman raised her children and nephews together.
2. The owner comes after 5p.m.
3. Someone followed me.
4. The assertion reflected their thought.
5. There are many returning students.
6. He visited the shop one day.
7. The montage photo describes the man.
8. The woman did not choose the expensive one.
9. Who went to his house?
10. People were in line.
11. We waited for the news.
12. The new traffic signal prevents an accident.
13. I miss my friends.
14. I was born on May 4.
15. My old friend remembered that.
16. Some members renewed their memberships.
17. People buried trash.
18. My sister placed the flowerpots.
19. Our imagination became reality.
20. The parents' association decided the next meeting date.

III Story Writing: Paragraph 1 p. 17

2 Sentence Writing

1. Ueno raised a dog.
2. The dog had a name, Hachico.
3. Hachico liked his owner, Ueno.
4. Hachico followed Ueno.
5. Ueno was a college professor.
6. Hachico knew Ueno's returning time.
7. Ueno met Hachico every day.

3 Paragraph Writing

Paragraph 1

Ueno raised a dog. The dog had a name, Hachico. Hachico liked his owner, Ueno. Hachico followed Ueno. Ueno was a college professor. Hachico knew Ueno's returning time. Ueno met Hachico every day.

IV Story Writing: Paragraph 2 p. 19

2 Sentence Writing

1. Ueno had a stroke one day.
2. Ueno died.
3. Hachico did not know that.
4. Hachico went to the station.
5. People saw Hachico.
6. Hachico waited.
7. Hachico went to the station for 10 years.
8. Hachico missed Ueno.

3 Paragraph Writing

Paragraph 2

Ueno had a stroke one day. Ueno died. Hachico did not know that. Hachico went to the station. People saw Hachico. Hachico waited. Hachico went to the station for 10 years. Hachico missed Ueno.

V Story Writing: Paragraph 3 p. 21

2 Sentence Writing

1. Hachico died on March 8, 1935.
2. He was thirteen years old.
3. The people remembered Hachico.
4. The people buried Hachico.
5. They made Hachico's bronze statue.
6. They placed it.
7. Everybody saw the statue.
8. People said, "I like Hachico. Let's meet there!"
9. The place became famous.
10. The place became a meeting place.

3 Paragraph Writing

Paragraph 3

Hachico died on March 8, 1935. He was thirteen years old. The people remembered Hachico. The people buried Hachico. They made Hachico's bronze statue. They placed it. Everybody saw the statue. People said, "I like Hachico. Let's meet there!" The place became famous. The place became a meeting place.

Writing Guideline

VI. Error Analysis p. 23

Ueno ~~raise~~ a dog. The dog had ~~name~~, Hachico. Hachico ~~like~~ his owner, Ueno.
    raised   *a name*   *liked*
Hachico ~~followe~~ Ueno. Ueno was ~~college~~ professor. Hachico ~~knews~~ Ueno's returning
    followed   *a college*   *knew*
time. Ueno ~~meet~~ Hachico every day.
        met

Ueno ~~has~~ a stroke ~~oneday~~. Ueno died. Hachico did not ~~knew~~ that. Hachico went
    had   *one day*   *know*   *went to*
the station. People saw Hachico. Hachico ~~waiting~~. Hachico went the station for 10
                                      waited   *went to*
years. Hachico ~~miss~~ Ueno.
             missed

Hachico died ~~at~~ March 8, 1935. He was thirteen years ~~olds~~. The people ~~remembers~~
             on   *old*   *remembered*
Hachico. The people buried Hachico. They made Hachico's bronze statue. They
~~places~~ it. Everybody saw the statue. People ~~says~~, "I like Hachico. Let's meet
placed   *said*
there!" The place ~~become~~ famous. The place became a meeting place.
                     became

❷ 전치사구의 형용사적 용법

II. Sentences with Grammar p. 26

1. The woman **next to my house** raised her children and nephews together.
2. The owner **of the store** comes after 5p.m.
3. Someone **among them** followed me.
4. The assertion reflected their thought **about the recent event**.
5. There are many returning students **from American schools**.
6. He visited the shop **on the corner** one day.
7. The montage photo **on the wall** describes the man.
8. The woman **at the shop** did not choose the expensive one.
9. Who went to the house **down the street**?
10. People **on the street** were in line.
11. We waited for the news **about a special bonus**.
12. The new traffic signal **in front of the building** prevents an accident.
13. I miss my friends **in a rural area**.
14. Ted **in the office** was born on May 4.
15. My old friend **from high school** remembered that.
16. Some members **of the club** renewed their memberships.
17. The people **in the backyard** buried trash.
18. My sister **in the house** placed the flowerpots.

19 Our imagination **toward future** became reality.
20 The parents' association decided the next meeting date **for a bazaar**.

III Story Writing: Paragraph 1   p. 29

2 Sentence Writing

1. Ueno **in Shibuya, Tokyo** raised a dog.
2. The dog **at his house** was Hachico.
3. Hachico, **at Ueno's house**, liked his owner.
4. Hachico followed Ueno.
5. Ueno was a college professor **in Tokyo**.
6. Hachico, **at Ueno's house**, knew Ueno's returning time **at Shibuya station**.
7. Ueno met Hachico every day.

3 Paragraph Writing

Paragraph 1

Ueno **in Shibuya, Tokyo** raised a dog. The dog **at his house** was Hachico. Hachico, **at Ueno's house**, liked his owner. Hachico followed Ueno. Ueno was a college professor **in Tokyo**. Hachico, **at Ueno's house**, knew Ueno's returning time **at Shibuya station**. Ueno met Hachico every day.

IV Story Writing: Paragraph 2   p. 31

2 Sentence Writing

1. Ueno, **in the college**, had a stroke one day.
2. Ueno died.
3. Hachico, **at the house**, did not know that.
4. Hachico went to the station.
5. People **around the station** saw Hachico.
6. Hachico waited.
7. Hachico went to the station **for 10 years**.
8. Hachico missed Ueno.

3 Paragraph Writing

Paragraph 2

Ueno, **in the college**, had a stroke one day. Ueno died. Hachico, **at the house**, did not know that. Hachico went to the station. People **around the station** saw Hachico. Hachico waited. Hachico went to the station **for 10 years**. Hachico missed Ueno.

Writing Guideline

V Story Writing: Paragraph 3   p. 33

2 Sentence Writing

1. Hachico died on March 8, 1935.
2. He was thirteen years old.
3. The people **around the station** remembered Hachico.
4. The people buried Hachico.
5. They made Hachico's bronze statue.
6. They placed it.
7. Everybody **on the street** saw the statue **at Shibuya station**.
8. People said, "I like Hachico. Let's meet there!"
9. The place became famous.
10. The place became a meeting place **for friends, businessmen, and students**.

3 Paragraph Writing

Paragraph 3

Hachico died on March 8, 1935. He was thirteen years old. The people **around the station** remembered Hachico. The people buried Hachico. They made Hachico's bronze statue. They placed it. Everybody **on the street** saw the statue **at Shibuya station**. People said, "I like Hachico. Let's meet there!" The place became famous. The place became a meeting place **for friends, businessmen, and students**.

VI Error Analysis   p. 35

Ueno in Shibuya, Tokyo raised dog. The dog at his house were Hachico. Hachico,
                                                                    a dog   was
at Uenos house, like his owner. Hachico follows Ueno. Ueno is a college professor
    Ueno's   liked   followed   was
in Tokyo. Hachico, at Ueno's house, know Ueno's returned time at Shibuya station.
                                     knew   returning
Ueno met Hachico every day.

Ueno, in the college, have a stroke one day. Ueno died. Hachico, at the house,
                      had
did not know that. Hachico go to Station. People around the station sees Hachico.
                went the station   saw
Hachico weighted. Hachico went to the station for 10 year. Hachico missed Ueno.
    waited   years
Hachico died in March 8, 1935. He was thirteens years old. A people around the
         on   thirteen   The
station remembered Hachico. The people buried Hachico. They made Hachicos
                                                              Hachico's
bronze statue. They placed them. An everybody on the street see the statue at
                       it   Everybody   saw
Shibuya station. People said, "I like Hachico. Let's meat there!" The place becomes
                                        meet   became

famous. The palace became a meeting place for friends, businessmen, and student.
　　　　　　　place　　　　　　　　　　　　　　　　　　　　　　　　　　students

❸ 전치사구의 부사적 용법

Ⅱ Sentences with Grammar　p. 38

1. The woman next to my house raised her children and nephews together **for a long time**.
2. The owner of the store comes after 5p.m. **with a manager**.
3. Someone among them followed me **to the bus station**.
4. The assertion reflected their thought about the recent event **in the end**.
5. There are many returning students from American schools **in this semester**.
6. He visited the shop on the corner **along with his daughter** one day.
7. The montage photo on the wall describes the man **in detail**.
8. The woman at the shop did not choose the expensive one **during shopping**.
9. Who went to the house down the street **after class**?
10. People on the street were in line **from the morning**.
11. We waited for the news about a special bonus **for the first quarter**.
12. The new traffic signal in front of the building prevents an accident **during the rush hour**.
13. I miss my friends in a rural area **from time to time**.
14. Ted in the office was born on May 4 **in 1990**.
15. My old friend from high school remembered that **with the correct date and time**.
16. Some members of the club renewed their memberships **before the expiration**.
17. The people in the backyard buried trash **under the ground**.
18. My sister in the house placed the flowerpots **in the veranda**.
19. Our imagination toward future became reality **in the 21st century**.
20. The parents' association decided the next meeting date for a bazaar **by vote**.

Ⅲ Story Writing: Paragraph 1　p. 41

2 Sentence Writing

1. Ueno in Shibuya, Tokyo raised a dog **at his house**.
2. The dog at his house was Hachico.
3. Hachico, at Ueno's house, liked his owner.
4. Hachico followed Ueno **from the house to the station**.
5. Ueno was a college professor in Tokyo.
6. Hachico, at Ueno's house, knew Ueno's returning time at Shibuya station.
7. Ueno met Hachico every day **in front of the station after work**.

Writing Guideline

3 Paragraph Writing

Paragraph 1

Ueno in Shibuya, Tokyo raised a dog **at his house**. The dog at his house was Hachico. Hachico, at Ueno's house, liked his owner. Hachico followed Ueno **from the house to the station**. Ueno was a college professor in Tokyo. Hachico, at Ueno's house, knew Ueno's returning time at Shibuya station. Ueno met Hachico every day **in front of the station after work**.

IV Story Writing: Paragraph 2   p. 43

2 Sentence Writing

1. Ueno, in the college, had a stroke **in his office** one day.
2. Ueno died **despite his young age**.
3. Hachico, at the house, did not know that.
4. Hachico went to the station **in the evening**.
5. People around the station saw Hachico.
6. Hachico waited **for Ueno in front of the station until late**.
7. Hachico went **to the station for 10 years without stop**.
8. Hachico missed Ueno.

3 Paragraph Writing

Paragraph 2

Ueno, in the college, had a stroke **in his office** one day. Ueno died **despite his young age**. Hachico, at the house, did not know that. Hachico went to the station **in the evening**. People around the station saw Hachico. Hachico waited **for Ueno in front of the station until late**. Hachico went **to the station for 10 years without stop**. Hachico missed Ueno.

V Story Writing: Paragraph 3   p. 45

2 Sentence Writing

1. Hachico died on March 8, 1935 **at 7 a.m.**
2. He was thirteen years old.
3. The people around the station remembered Hachico.
4. The people buried Hachico **next to Ueno**.
5. They made Hachico's bronze statue.
6. They placed it **in front of the station**.
7. Everybody on the street saw the statue at Shibuya station.
8. People said, "I like Hachico. Let's meet **near Hachico Statue!**"

9 The place became famous **because of Hachico**.
10 The place became a meeting place for friends, businessmen, and students.

3 Paragraph Writing

Paragraph 3

Hachico died on March 8, 1935 **at 7 a.m**. He was thirteen years old. The people around the station remembered Hachico. The people buried Hachico **next to Ueno**. They made Hachico's bronze statue. They placed it **in front of the station**. Everybody on the street saw the statue at Shibuya station. People said, "I like Hachico. Let's meet **near Hachico Statue!**" The place became famous **because of Hachico**. The place became a meeting place for friends, businessmen, and students.

VI Error Analysis   p. 47

Ueno in Shibuya, ~~tokyo~~ [Tokyo] raised ~~dog~~ [a dog] at his house. The dog at his ~~houses~~ [house] was Hachico. Hachico, at Ueno's house, liked his ~~owner~~ [owner]. Hachico ~~fellowed~~ [followed] Ueno from the house to ~~station~~ [the station]. Ueno was ~~college~~ [a college] professor in a Tokyo. Hachico, at ~~Uenos'~~ [Ueno's] house, knew Ueno's returning time at Shibuya station. Ueno ~~meet~~ [met] Hachico every day ~~in front~~ [in front of] the station after work.

Ueno, in the college, ~~have~~ [had] a stroke in his ~~officer~~ [office] one day. Ueno died ~~despite of~~ [despite] his young age. Hachico, at the house, ~~does~~ [did] not know that. Hachico ~~went~~ [went to] the station in the evening. People around the station saw Hachico. Hachico ~~waited~~ [waited for] Ueno in front ~~for~~ [of] the station until ~~later~~ [late]. Hachico ~~wents~~ [went] to the station ~~from~~ [for] 10 ~~year~~ [years] without stop. Hachico missed Ueno.

Hachico ~~dyes~~ [died] on March 8, 1935 at 7 a.m. He was thirteen ~~year~~ [years] old. The ~~peoples~~ [people] around the station remembered Hachico. The people ~~buries~~ [buried] Hachico next to Ueno. They made ~~Hachicos'~~ [Hachico's] bronze statue. They placed it ~~front~~ [in front] of a ~~station~~ [the station]. Everybody on the street saw the statue at Shibuya station. People said, "I ~~likes~~ [like] Hachico. Let's ~~met~~ [meet] near ~~the~~ Hachico Statue!" The place became famous ~~because~~ [because of] Hachico. The place became ~~meeting place~~ [a meeting place] for friends, ~~businessman~~ [businessmen], and students.

Writing Guideline

❹ 접속사

II Sentences with Grammar   p. 50

1. The woman next to my house raised her children and nephews together, **and** she raised them well for a long time.
2. The owner of the store comes with a manager, **but** they come late in the afternoon.
3. Someone among them followed me to the bus station, **but** I didn't know that.
4. The assertion reflected people's general thought in the beginning. **However**, it reflected their thought about the recent event in the end.
5. There are many returning students from American schools in this semester, **so** we will make combined classrooms soon.
6. He liked the shop on the corner, **so** he visited the shop along with his daughter one day.
7. The montage photo on the wall is the man. **Besides**, it describes the man in detail.
8. The woman at the shop liked the dress. **Nevertheless**, she did not choose the expensive one during shopping.
9. Who went to the house down the street after class **and** scribbled on the wall?
10. People were on the street, **and** they were in line from the morning.
11. We waited for the news for the first quarter. **Besides**, we also waited for the news about a special bonus.
12. There is a new traffic signal in front of the building, **and** it prevents an accident during the rush hour.
13. I have friends in a rural area, **and** I miss them from time to time.
14. Ted in the office was born on May 4 in 1990, **so** he was born in the Year of the Horse.
15. The accident happened a long time ago. **However**, my old friend from high school remembered that with the correct date and time.
16. Some members of the club renewed their memberships before the expiration, **but** some didn't.
17. The people in the backyard buried trash under the ground. **However**, it smelled.
18. My sister in the house placed the flowerpots in the veranda **and** watered them every day.
19. A space trip was our imagination toward future. **However**, it became reality in the 21st century.
20. The parents' association decided the next meeting date for a bazaar by vote. **Therefore**, everybody will come to the meeting.

III Story Writing: Paragraph 1   p. 53

2 Sentence Writing

1. Ueno lived in Shibuya, Tokyo **and** raised a dog at his house.

2. The dog at his house was Hachico.
3. Hachico, at Ueno's house, liked his owner, **so** Hachico followed Ueno from the house to the station.
4. Ueno was a college professor in Tokyo, **so** he used the subway.
5. Hachico, at Ueno's house, knew Ueno's returning time at Shibuya station. **Therefore**, Ueno met Hachico every day in front of the station after work.

3 Paragraph Writing

Paragraph 1

Ueno lived in Shibuya, Tokyo **and** raised a dog at his house. The dog at his house was Hachico. Hachico, at Ueno's house, liked his owner, **so** Hachico followed Ueno from the house to the station. Ueno was a college professor in Tokyo, **so** he used the subway. Hachico, at Ueno's house, knew Ueno's returning time at Shibuya station. **Therefore**, Ueno met Hachico every day in front of the station after work.

IV Story Writing: Paragraph 2   p. 55

2 Sentence Writing

1. Ueno was young, **but** Ueno, in the college, had a stroke in his office one day.
2. Ueno died despite his young age. **However**, Hachico, at the house, did not know that.
3. Hachico went to the station in the evening **and** waited for Ueno in front of the station until late.
4. People around the station saw Hachico.
5. Hachico missed Ueno. **Therefore**, Hachico went to the station for 10 years without stop.

3 Paragraph Writing

Paragraph 2

Ueno was young, **but** Ueno, in the college, had a stroke in his office one day. Ueno died despite his young age. **However**, Hachico, at the house, did not know that. Hachico went to the station in the evening **and** waited for Ueno in front of the station until late. People around the station saw Hachico. Hachico missed Ueno. **Therefore**, Hachico went to the station for 10 years without stop.

Writing Guideline

V. Story Writing: Paragraph 3   p. 57

2 Sentence Writing

1. Hachico died on March 8, 1935 at 7 a.m. He was thirteen years old.
2. The people around the station remembered Hachico, **so** they buried Hachico next to Ueno.
3. They made Hachico's bronze statue **and** placed it in front of the station.
4. Everybody on the street saw the statue at Shibuya station **and** said, "I like Hachico, **so** let's meet near Hachico Statue!"
5. The place became famous because of Hachico, **and** it became a meeting place for friends, businessmen, and students.

3 Paragraph Writing

Paragraph 3

Hachico died on March 8, 1935 at 7 a.m. He was thirteen years old. The people around the station remembered Hachico, **so** they buried Hachico next to Ueno. They made Hachico's bronze statue **and** placed it in front of the station. Everybody on the street saw the statue at Shibuya station **and** said, "I like Hachico, **so** let's meet near Hachico Statue!" The place became famous because of Hachico, **and** it became a meeting place for friends, businessmen, and students.

VI. Error Analysis   p. 59

Ueno ~~live~~ in ~~shibuya~~, Tokyo and ~~roused~~ a dog at his house. The dog at his house
     lived Shibuya   raised
~~were~~ Hachico. Hachico, at Ueno's house, liked his owner, so Hachico ~~followeds~~
 was   followed
~~the~~ Ueno from the house to the ~~stations~~. Ueno was a college ~~professer~~ in Tokyo, so
the 삭제   station   professor
he ~~use~~ the ~~sub way~~. Hachico, at Ueno's house, knew Ueno's returning ~~timing at the~~
   used   subway   time the 삭제
Shibuya station. Therefore, Ueno met Hachico every day in front of the station after

work.

Ueno was young, but Ueno, in the college, had ~~stroke~~ in ~~her~~ office one day. Ueno
                                                      a stroke his
died despite his ~~younger~~ age. However, Hachico, at the house, ~~do not~~ know that.
                  young   did not
Hachico went to the station in ~~evening~~ and waited ~~over~~ Ueno in front of the station
                                  the evening   for
~~untill~~ late. People around the ~~stations~~ saw Hachico. Hachico ~~mised~~ Ueno. ~~Therefore~~
until   station   missed

Hachico went to the station for 10 years ~~with out~~ stop.
Therefore, Hachico *without*

Hachico died on March 8 ~~1935~~ at 7 a.m. He was thirteen years ~~olds~~. The people
8, 1935 *old*

around ~~these~~ station remembered ~~Hachico so~~ they buried Hachico ~~next~~ Ueno. They
the *Hachico, so* *next to*

~~makes~~ Hachico's bronze ~~state~~ and placed it in front of the station. Everybody on
made *statue*

the street saw the statue at ~~shibuya~~ station and said, "I like Hachico, so let's meet
Shibuya

near Hachico Statue!" ~~Place~~ became famous ~~because~~ Hachico, and it ~~be came~~ a
The place *because of* *became*

meeting ~~places~~ for friends, businessmen, and students.
place

❺ 부사절

Ⅱ Sentences with Grammar p. 64

1. **Because** the woman next to my house liked her children and nephews, she raised them together for a long time.
2. **When** the owner of the store comes late in the afternoon, he comes with a manager.
3. **When** someone among them followed me to the bus station, I didn't know that.
4. **Even though** the assertion reflected people's general thought in the beginning, it reflected their thought about the recent event in the end.
5. **Because** there are many returning students from American schools in this semester, we will make combined classrooms soon.
6. **Because** he liked the shop on the corner, he visited the shop along with his daughter one day.
7. **Since** the montage photo on the wall describes the man in detail, it is very helpful.
8. **Even though** the woman at the shop liked the dress, she did not choose the expensive one during shopping.
9. **When** we went to the house down the street after class, someone scribbled on the wall.
10. **When** people were on the street, they were in line from the morning.
11. **While** we waited for the news for the first quarter, we also waited for the news about a special bonus.
    ★ While은 진행형과 자주 쓰입니다. 그러므로 "While we **were waiting** for the news for the first quarter, we **were** also **waiting** for the news about a special bonus."로 쓸 수도 있습니다.
12. **Because** there is a new traffic signal in front of the building, it prevents an accident during the rush hour.
13. **Because** I have friends in a rural area, I miss them from time to time.
14. **Since** Ted in the office was born in 1990, he was born in the Year of the Horse.
15. **Even though** the accident happened a long time ago, my old friend from high school remembered that with the correct date and time.

Writing Guideline

16. **While** some members of the club renewed their memberships before the expiration, some didn't.
17. **Whenever** the people in the backyard buried trash under the ground, it smelled.
18. **As soon as** my sister in the house placed the flowerpots in the veranda, she watered them.
19. **Until** a space trip became reality in the 21st century, it was our imagination toward future.
20. **As long as** the parents' association decided the next meeting date for a bazaar by vote, everybody will come to the meeting.

III Story Writing: Paragraph 1   p. 67

2 Sentence Writing

1. **When** Ueno lived in Shibuya, Tokyo, he raised a dog at his house.
2. The dog at his house was Hachico.
3. **Because** Hachico, at Ueno's house, liked his owner, Hachico followed Ueno from the house to the station.
4. **Because** Ueno was a college professor in Tokyo, he used the subway.
5. **Since** Hachico, at Ueno's house, knew Ueno's returning time at Shibuya station, Ueno met Hachico every day in front of the station after work.

3 Paragraph Writing

> **Paragraph 1**
>
> **When** Ueno lived in Shibuya, Tokyo, he raised a dog at his house. The dog at his house was Hachico. **Because** Hachico, at Ueno's house, liked his owner, Hachico followed Ueno from the house to the station. **Because** Ueno was a college professor in Tokyo, he used the subway. **Since** Hachico, at Ueno's house, knew Ueno's returning time at Shibuya station, Ueno met Hachico every day in front of the station after work.

IV Story Writing: Paragraph 2   p. 69

2 Sentence Writing

1. **Even though** Ueno was young, Ueno, in the college, had a stroke in his office one day.
2. **When** Ueno died, Hachico, at the house, did not know that.
3. **Whenever** Hachico went to the station in the evening, he waited for Ueno in front of the station until late.

4. People around the station saw Hachico.
5. Hachico missed Ueno **so much that** he went to the station for 10 years without stop.

3 Paragraph Writing

Paragraph 2

Even though Ueno was young, Ueno, in the college, had a stroke in his office one day. **When** Ueno died, Hachico, at the house, did not know that. **Whenever** Hachico went to the station in the evening, he waited for Ueno in front of the station until late. People around the station saw Hachico. Hachico missed Ueno **so much that** he went to the station for 10 years without stop.

V Story Writing: Paragraph 3   p. 71

2 Sentence Writing

1. **When** Hachico died on March 8, 1935 at 7 a.m., he was thirteen years old.
2. **Because** the people around the station remembered Hachico, they buried him next to Ueno.
3. **After** they made Hachico's bronze statue, they placed it in front of the station.
4. Everybody on the street saw the statue at Shibuya station.
5. People said, "**If** it is okay, let's meet near Hachico Statue!"
6. **As soon as** the place became famous because of Hachico, it became a meeting place for friends, businessmen, and students.

3 Paragraph Writing

Paragraph 3

When Hachico died on March 8, 1935 at 7 a.m., he was thirteen years old. **Because** the people around the station remembered Hachico, they buried him next to Ueno. **After** they made Hachico's bronze statue, they placed it in front of the station. Everybody on the street saw the statue at Shibuya station. People said, "**If** it is okay, let's meet near Hachico Statue!" **As soon as** the place became famous because of Hachico, it became a meeting place for friends, businessmen, and students.

Writing Guideline

VI. Error Analysis p. 73

When Ueno ~~live~~ in ~~Shibuya Tokyo~~, he raised a dog at his house. The dog at ~~he's~~
　　　　lived　　Shibuya, Tokyo　　　　　　　　　　　　　　　　　　　　　　his
house was Hachico. Because ~~of~~ Hachico, at Ueno's house, liked his owner, Hachico
　　　　　　　　　　　　　of 삭제
followed Ueno ~~to~~ the house ~~from~~ the station. Because ~~of~~ Ueno was a ~~colleague~~
　　　　　　 from　　　　　　 to　　　　　　　　　　 of 삭제　　　　　 college
professor in ~~Tokyoo~~, he used ~~subway~~. Since ~~hachico~~, at Ueno's house, knew Ueno's
　　　　　　 Tokyo　　　　　 the subway　　　 Hachico
returning time at ~~a~~ Shibuya station, Ueno met Hachico every day in front ~~of station~~
　　　　　　　　 a 삭제　　　　　　　　　　　　　　　　　　　　　　　　　　 of the station
after ~~worker~~.
　　　 work
　　Even ~~tough~~ Ueno was young, Ueno, in the college, ~~have~~ a stroke in his office one
　　　　 Even though　　　　　　　　　　　　　　　　 had
day. When Ueno died, Hachico, ~~at house~~, did not know that. ~~When ever~~ Hachico
　　　　　　　　　　　　　 at the house　　　　　　　　　　　 Whenever
~~want~~ to the station in the evening, he ~~wanted~~ for Ueno in front of the station until
 went　　　　　　　　　　　　　　　　　 waited
~~rate~~. People around the station saw ~~the~~ Hachico. Hachico missed ~~ueno~~ so much
 late　　　　　　　　　　　　　　 the 삭제　　　　　　　　　　　　 Ueno
that he ~~wents~~ to the station for ~~10 year~~ without ~~stops~~.
　　　　 went　　　　　　　　　 10 years　　　　 stop
　　When Hachico died on March 8, 1935 at 7 a.m., he ~~is~~ thirteen ~~year's~~ old. Because
　　　　　　　　　　　　　　　　　　　　　　　　　　 was　　　 years
~~of~~ the people around the station ~~membered Hachico. they~~ buried him next to Ueno.
 of 삭제　　　　　　　　　　　　　　 remembered Hachico, they
After they made Hachico's bronze statue, they ~~pleased~~ it in front of the station.
　　　　　　　　　　　　　　　　　　　　　　 placed
Everybody ~~in~~ the street saw ~~statue~~ at Shibuya station. People ~~sad~~, "If it is okay,
　　　　 on　　　　　　　 the statue　　　　　　　　　　　　 said
let's meet ~~nearer~~ Hachico Statue!" As soon ~~is~~ the place became famous ~~because~~
　　　　 near　　　　　　　　　　　　　 as　　　　　　　　　　　　　 because of
Hachico, it became ~~meeting place~~ for ~~friend~~, businessmen, and students.
　　　　　　　 a meeting place　 friends

6 부사구

II. Sentences with Grammar p. 76

1. **Because** the woman next to my house liked her children and nephews, she raised them together for a long time.
Because liking her children and nephews, **the woman next to my house** raised them together for a long time.
Liking her children and nephews, **the woman next to my house** raised them together for a long time.

2. **When** the owner of the store comes late in the afternoon, he comes with a manager.
   When coming late in the afternoon, **the owner of the store** comes with a manager.
   On coming late in the afternoon, **the owner of the store** comes with a manager.
   Upon coming late in the afternoon, **the owner of the store** comes with a manager.
3. **Even though** the assertion reflected people's general thought in the beginning, it reflects their thought about the recent event in the end.
   Even though reflecting people's general thought in the beginning, **the assertion** reflects their thought about the recent event in the end.
4. **Because** he liked the shop on the corner, he visited the shop along with his daughter one day.
   Because liking the shop on the corner, **he** visited the shop along with his daughter one day.
   Liking the shop on the corner, **he** visited the shop along with his daughter one day.
5. **Since** the montage photo on the wall describes the man in detail, it is very helpful.
   Since describing the man in detail, **the montage photo on the wall** is very helpful.
   Describing the man in detail, **the montage photo on the wall** is very helpful.
6. **Even though** the woman at the shop wanted the dress, she did not choose the expensive one during shopping.
   Even though wanting the dress, **the woman at the shop** did not choose the expensive one during shopping.
7. **When** people were on the street, they were in line from the morning.
   When being on the street, **people** were in line from the morning.
   On being on the street, **people** were in line from the morning.
   Upon being on the street, **people** were in line from the morning.
8. **While** we waited for the news for the first quarter, we also waited for the news about a special bonus.
   While waiting for the news for the first quarter, **we** also waited for the news about a special bonus.
   Waiting for the news for the first quarter, **we** also waited for the news about a special bonus.
9. **Because** I have friends in a rural area, I miss them from time to time.
   Because having friends in a rural area, **I** miss them from time to time.
   Having friends in a rural area, **I** miss them from time to time.
10. **Since** Tod in the office was born in 1990, he was born in the Year of the Horse.
    Since being born in 1990, **Ted in the office** was born in the Year of the Horse.
    Being born in 1990, **Ted in the office** was born in the Year of the Horse.
    Born in 1990, **Ted in the office** was born in the Year of the Horse.
11. **While** some members of the club renewed their memberships before the expiration, some didn't.
    While renewing their memberships before the expiration, **some members of the**

Writing Guideline

    club didn't.

    Renewing their memberships before the expiration, **some members of the club** didn't.

12. **As soon as** my sister in the house placed the flowerpots in the veranda, she watered them.

    As soon as placing the flowerpots in the veranda, **my sister in the house** watered them.

13. **Until** a space trip became reality in the 21st century, it was our imagination toward future.

    Until becoming reality in the 21st century, **a space trip** was our imagination toward future.

III Story Writing: Paragraph 1 p. 79

2 Sentence Writing

1. **When living** in Shibuya, Tokyo, Ueno raised a dog at his house.
2. The dog, at his house, was Hachico.
3. **Liking** his owner, Hachico followed Ueno from the house to the station.
4. **Being** a college professor in Tokyo, Ueno used the subway.
5. **Because** Hachico, at Ueno's house, knew Ueno's returning time at Shibuya station, Ueno met Hachico every day in front of the station after work.

3 Paragraph Writing

> **Paragraph 1**
>
> **When living** in Shibuya, Tokyo, Ueno raised a dog at his house. The dog, at his house, was Hachico. **Liking** his owner, Hachico followed Ueno from the house to the station. **Being** a college professor in Tokyo, Ueno used the subway. **Because** Hachico, at Ueno's house, knew Ueno's returning time at Shibuya station, Ueno met Hachico every day in front of the station after work.

IV Story Writing: Paragraph 2 p. 81

2 Sentence Writing

1. **Even though** young, Ueno, in the college, had a stroke in his office one day.
2. **When** Ueno died despite his young age, Hachico, at the house, did not know that.
3. **Whenever** Hachico went to the station in the evening, people around the station saw Hachico.
4. Hachico waited for Ueno in front of the station until late.

5   Hachico missed Ueno **so much that** he went to the station for 10 years without stop.

3 Paragraph Writing

Paragraph 2

Even though young, Ueno, in the college, had a stroke in his office one day. **When** Ueno died despite his young age, Hachico, at the house, did not know that. **Whenever** Hachico went to the station in the evening, people around the station saw Hachico. Hachico waited for Ueno in front of the station until late. Hachico missed Ueno **so much that** he went to the station for 10 years without stop.

V Story Writing: Paragraph 3   p. 83

2 Sentence Writing

1   **When dying** on March 8, 1935 at 7 a.m., Hachico was thirteen years old.
2   **Remembering** Hachico, the people buried him next to Ueno.
3   **After making** Hachico's bronze statue, they placed it in front of the station.
4   Everybody on the street saw the statue at Shibuya station.
5   People said, "**If** it is okay, let's meet near Hachico Statue!"
6   **As soon as becoming** famous because of Hachico, the place became a meeting place for friends, businessmen, and students.

3 Paragraph Writing

Paragraph 3

When dying on March 8, 1935 at 7 a.m., Hachico was thirteen years old. **Remembering** Hachico, the people buried him next to Ueno. **After making** Hachico's bronze statue, they placed it in front of the station. Everybody on the street saw the statue at Shibuya station. People said, "**If** it is okay, let's meet near Hachico Statue!" **As soon as becoming** famous because of Hachico, the place became a meeting place for friends, businessmen, and students.

VI Error Analysis   p. 84

When live in shibuya, Tokyo, Ueno raised a dog at him house. The dog at his
  living Shibuya,   *his*
house was Hachico. Linking his owner, Hachico follows Ueno from the house to a
               Liking   *followed*   *the*
station. Being a college professor in Tokyo, Ueno was used the subways. Because
                                                    was 삭제   subway

Writing Guideline

Hachico, at Uenos' house, new Ueno's returning time at Shibuya Station, Ueno met
~~Uenos'~~ Ueno's house   ~~new~~ knew   ~~Shibuya Station~~ Shibuya station
Hachico every day front of the Station after work.
                    in front of   station

Eventhough young, Ueno, in the college, have a strike in his office one day.
Even though   had   stroke

When Ueno dyed despite his young ages, Hachico, at the house, did not no that.
          died   age   know

When ever Hachico went to the station at the evening, people around the station
Whenever   in

saw Hachico. Hachico wait for Ueno in front off the Station until late. Hachico miss
                    waited   of   station   missed

Ueno saw much that he went to the station for 10 years with out stop.
        so   without

When died on March 8, 1935 at 7 a.m., Hachico was thirteen years older.
     dying   old

Remembering Hachico, people buried him next to Ueno. After marking Hachico's
                    the people   making

Bronze statue, they placed it in front of the station. Everybody on the streets saw
bronze   street

a statue at Shibuya station. People saying, "If it is okay, let's meet near Hachico
the statue   said

Statue!" As soon as be coming famulus because of the Hachico, the place become
                       becoming famous   ~~the~~ Hachico   became

a meeting place four friends, businessmen, and students.
                for

108